U0631175

企业财务管理信息化建设研究

李金凤 ◎著

吉林人民出版社

图书在版编目（CIP）数据

企业财务管理信息化建设研究 / 李金凤著 . -- 长春：吉林人民出版社，2024. 11. -- ISBN 978-7-206-21702-9

Ⅰ. F275-39

中国国家版本馆 CIP 数据核字第 202452J4M0 号

责任编辑：李相梅
封面设计：王　洋

企业财务管理信息化建设研究

QIYE CAIWU GUANLI XINXIHUA JIANSHE YANJIU

著　　者：李金凤
出版发行：吉林人民出版社（长春市人民大街 7548 号　邮政编码：130022）
咨询电话：0431-82955711
印　　刷：三河市金泰源印务有限公司
开　　本：787mm×1092mm　　1/16
印　　张：11.5　　字　　数：214 千字
标准书号：ISBN 978-7-206-21702-9
版　　次：2024 年 11 月第 1 版　　印　　次：2024 年 11 月第 1 次印刷
定　　价：78.00 元

前　言

大数据时代对于企业的发展有着非常显著的影响，而对于现代企业来说，建立符合其发展需求的财务管理信息化系统，成为保障企业财务健康、满足企业长远发展的重要措施。因此，企业必须进一步优化财务管理信息化系统，确保系统能够真正做到整合企业财务数据，帮助企业利用大数据分析、了解经营业绩和经济情况，为企业制定更长远的战略决策提供重要帮助。

本书以企业财务管理信息化建设研究为主线，主要介绍了企业财务管理的基本理论、企业财务管理信息化发展概述、网络财务管理、企业财务管理信息化实践、大数据时代对企业财务管理的影响等内容。本书分析了大数据对企业财务管理信息化的影响，提出了企业财务管理信息化的实践策略，以期为企业财务管理工作提供参考。

目　录

第一章　企业财务管理的基本理论 …… 1
第一节　企业财务管理内容 …… 1
第二节　企业财务管理目标 …… 7
第三节　企业财务管理原则 …… 15
第四节　企业财务管理环境 …… 27
第五节　企业财务管理体制 …… 39
第六节　企业财务管理价值观 …… 47
第七节　现代企业财务管理的发展与创新 …… 52
第二章　企业财务管理信息化发展概述 …… 61
第一节　企业财务信息化管理 …… 61
第二节　财务管理信息化的基本理论 …… 64
第三节　企业财务管理信息化存在的问题及对策研究 …… 70
第四节　我国企业财务管理信息化协同模式建设 …… 75
第三章　网络财务管理 …… 79
第一节　网络财务管理概述 …… 79
第二节　网络筹资管理 …… 83
第三节　网络投资管理 …… 89
第四节　网络财务风险管理 …… 95
第五节　网络运营资金管理 …… 100
第四章　企业财务管理信息化实践 …… 110
第一节　会计核算信息化 …… 110

第二节　报表合并信息化 …… 114
第三节　财务分析信息化 …… 118
第四节　全面预算信息化 …… 124
第五节　精细化成本信息化 …… 127

第五章　大数据时代对企业财务管理的影响 …… 137

第一节　大数据时代对企业竞争优势的影响 …… 137
第二节　大数据时代对企业财务决策的影响 …… 145
第三节　大数据时代对企业财务信息挖掘的影响 …… 156
第四节　大数据时代对企业财务管理精准性的影响 …… 164
第五节　大数据时代对企业财务管理人员角色的影响 …… 168

参考文献 …… 173

第一章　企业财务管理的基本理论

第一节　企业财务管理内容

财务管理在现代企业运营中具有举足轻重的地位。在市场经济环境中，它是企业必不可少的管理行为。随着市场经济的不断发展，财务管理的重要性日益凸显。特别是在现代市场经济中，竞争日趋激烈，财务管理已逐渐成为企业生存和发展的核心环节，同时也是提高经济效益的重要手段。要深入理解财务管理，我们首先要探讨企业的财务活动和财务关系。

一、财务活动

财务活动是与企业筹资、投资、运营和分配等相关的系列资金收支行为，也称为资金流动。在商品经济环境中，所有物资都具有价值，代表了投入物资中的社会必要劳动量。在社会再生产过程中，物资价值的货币表现即为资金。资金的不断转换和循环形成了资金流动。企业的生产经营过程既表现为实物商品的流动，也表现为资金的流动。资金流动是企业生产经营过程的价值体现，以价值形式综合反映企业的生产经营过程，成为企业生产经营活动的独立组成部分，这就是企业的财务活动。企业财务活动主要包括以下四个方面。

（一）企业筹资引起的财务活动

融资，也称为筹资，是指企业为了满足生产和运营需要，通过各种渠道和方式获取所需资金的行为。掌握并能够有效运用一定规模的资金是企业生存和发展的基础，因此融资成为企业财务管理的核心环节。企业可以通过发行股票、债券或向银行申请贷款等方式筹集资金，从而形成资金的流入；而偿还债务、支付利息、发放股息及承担其他融资成本等行为，则会导致资金的流出。这种由融资活动引发的资金收支过程，构成了企业财务活动的重要组成部分。

（二）企业投资引起的财务活动

企业筹集到的资金需要投入到生产经营活动中，以实现最大经济效益，否则筹资就失去了意义。这些资金可以用于内部生产经营，例如购买固定资产和无形资产，形成内部投资；或者投向金融市场，购买股票、债券或参与企业联营，形成外部投资。无论是购置内部所需的资产还是购买金融证券，都需要资金的流出。当企业出售由内部投资形成的资产或收回外部投资时，资金会重新流入企业。这些与资金投放相关的收支活动，就是由企业投资引发的财务活动。

（三）企业经营引起的财务活动

在企业的日常运营中，资金的流动是持续进行的。企业首先需要采购原材料或商品来进行生产和销售活动，并且还要支付员工工资及其他运营成本。随着产品或服务的成功销售，企业将获得销售收入，从而实现资金的回收。当企业的自有资金不足以覆盖日常运营所需时，可能会通过短期借贷的方式筹集额外的资金。这种与企业日常经营活动直接相关的资金流入和流出，通常被称为由经营引起的财务活动。更具体地说，这些活动主要涵盖了企业在日常生产经营过程中所进行的资金筹集和运用行为。简而言之，资金运营管理侧重于处理那些直接影响到公司常规业务运作的资金获取与使用决策。

（四）企业分配引起的财务活动

企业财务活动主要涵盖四个方面：生产运营产生的利润、对外投资的收益、利润的分配，以及由此引发的资金流动。

企业通过生产和投资来实现资金的增值，并获取相应的投资回报。根据我国税收法规，企业在获得收入后需先缴纳所得税，然后从净利润中提取一定比例的公积金和公益金。这部分资金用于扩大再生产、弥补可能的亏损及改善员工福利设施。剩余部分作为投资者收益处理，可以直接分配给股东（如股息形式），也可留在企业内部作为未来发展的再投资（即留存收益）。在利润分配过程中，无论将利润支付给股东还是留存公司内，都会影响现金流。这种因利润分配产生的资金收支，属于企业筹资活动的一部分。它既体现了企业向所有者提供的直接经济回报，也反映了所有者通过暂时放弃部分即时收益对企业的一种隐性资金支持。

值得注意的是，这四个方面的财务活动密切相关，并非孤立运作。它们各具功能与作用，但又相互依赖、互相补充，共同构建了一个完整且连贯的企业财务管理体系。

二、财务关系

财务关系是指企业在进行财务活动过程中，与各种利益相关者建立的经济利益联系。这些活动包括资金筹集、对外投资、日常运营和利润分配等，形成了企业与外部丰富且复杂的经济关系，构成了企业的财务关系体系。企业财务关系包括以下六个方面：

（一）企业与其所有者之间的财务关系

企业与所有者之间的财务关系体现了所有者对企业注入资金，并从企业获得投资回报这一过程中的经济联系。所有者的身份可以是国家、法人实体或个人投资者。根据投资合同、协议或公司章程的规定，所有者需履行出资义务，确保企业能够及时筹集到必要的资本。企业利用这些资本开展经营活动，在实现盈利后，按照所有者出资的比例或是相关合同及章程的具体规定，向所有者分配相应的投资回报。

在此过程中，企业和所有者各自享有明确的经济权利，并承担相应的经济责任和义务。这种财务关系不仅展示了所有权的本质特征，还充分反映了企业中所有权与经营权之间的相互作用。

（二）企业与其债权人之间的财务关系

企业与债权人之间的财务关系主要体现在企业向债权人借款，并根据借款合同的规定支付利息和最终偿还本金的经济往来。在市场经济中，除了依靠所有者投入的资金外，企业还需要通过借贷来获取额外的资金，以此降低融资成本并支持业务扩展。债权人的范围广泛，包括但不限于银行等金融机构、购买了公司债券的投资者、提供商业信用的供应商以及个人或机构贷款人。

当企业使用由债权人提供的资金时，必须按照事先约定的利率定期支付利息；而到了债务到期日，则需按时归还全部本金。这种基于债务和债权的关系，不仅为企业的运营和发展提供了必要的财务支持，同时也要求企业严格遵守契约条款，确保按时履行还款义务。因此，企业与债权人之间的财务关系清晰地展示了债权债务双方的权利与责任，是企业财务管理中的一个重要组成部分。

（三）企业与其受资者之间的财务关系

企业和被投资方之间的财务关系主要表现在企业通过购买股票或直接投资方式，向其他企业注入资金所产生的经济联系。随着我国市场经济的日益发展和企业经营范围及规模的不断扩大，这种财务关系日益普遍。当企业对其他企业进行投资时，需按照投资合同、协议及公司章程的规定履行出资义务，并可能参与被投资企业的经营管理和利润分配。这种关系不仅涉及资金投入，还涉及企业管理结构的影响，如在董事会中的代表权等。因此，企业与被投资方之间的财务关系充分体现了投资者与被投资企业基于所有权的投资与受资关系特点。这种关系对于提高资源配置效率、加强企业间合作以及推动整个经济体系发展具有深远意义。

（四）企业与其债务人之间的财务关系

企业与债务人之间的财务关系主要表现为企业通过购买债券、发放贷款或提供商业信用等方式，将资金借给其他单位，从而形成一种经济联系。这里的债务人可能包括政府、金融机构或其他企业等。一旦资金被借出，企业作为债权人，有权依据事先约定的条件，要求债务人按期支付利息，并在债务到期时归还本金。这种财务关系清晰地展现了债权与债务的基本特征，即一方提供资金并期望获得相应的收益（利息及本金），另一方则利用这些资金进行运营或投资，并承担按时还款的义务。这种安排对于推动资金的有效流动和利用具有重要作用。

（五）企业内部的财务关系

企业内部的财务关系主要表现为企业各部分（如供应、生产、销售等部门，还包括分公司、生产车间和分店等）在运营过程中产生的经济关系。他们通过互相提供产品或服务来支持企业的整体运作，同时，企业需要向员工支付薪酬，从而形成了复杂的内部财务网络。在实施内部经济核算和经营责任制的企业中，各部门之间的产品或服务交换通常需要进行计价结算，这既推动了资源的高效配置，也明确了内部资金流动关系。另外，根据员工的工作表现和劳动合同或协议的约定，企业会向员工支付工资、津贴和奖金等，建立了企业与员工之间的薪酬结算体系。总的来说，企业内部的财务关系揭示了企业内部各环节的责任分配、权利行使和利益分享机制。这种关系对于保证企业高效运行、激励员工积极性及实现整体战略目标具有重要作用。

（六）企业与社会行政事务组织之间的财务关系

企业不仅是经济实体，也是社会的一部分，与各类社会行政管理机构如工商管理部门、税务机关及行业监管机构等建立了多方面的经济联系。在企业的日常运营中，它利用了多种社会资源，因此需要接受这些机构的管理和监督。为了履行其对社会的责任和义务，企业必须支付税款、管理费用及可能产生的行政罚款等。

税务机关是与企业关系最为密切的社会行政管理机构之一。根据税法的规定，企业有责任向中央和地方政府缴纳各种税款，包括但不限于企业所得税、增值税、资源税、财产税及行为税等。企业与税务机关之间的财务关系体现了税收

制度的强制性和无偿性特征，即企业依法纳税是一种法律义务，政府通过征税来筹集资金用于公共支出和社会福利项目，不直接向纳税人提供等价回报。这种关系对于维护社会秩序、促进经济发展和实现公共服务目标至关重要。

在企业进行财务活动的过程中，会产生各种财务关系。在组织和管理这些财务活动时，企业必须妥善处理与之相关的财务关系。只有当这些财务关系得到有效管理和协调，才能确保各项财务活动的顺利进行，进而助力企业实现财务目标。优秀的财务关系管理对保障企业稳定运营、推动资金高效利用，以及制定长期财务规划具有至关重要的作用。

三、财务管理的含义及特征

（一）财务管理的含义

财务管理是企业核心组成部分，它在生产与经营过程中负责管理财务活动与财务关系。通过对资金、成本、费用、收入和利润等价值指标的全面管理，财务管理以价值方式反映企业整体运营状况。这些指标不仅反映了企业在经济活动中的资源占用、消耗和最终成果，还展示了企业经济效益水平。财务管理为企业提供全面而系统的经济信息，成为决策过程中的主要依据。通过加强财务管理，企业能更合理地筹集资金、提高资金使用效率，以最少的资源投入换取最大的生产经营效益。因此，财务管理不仅有助于企业实现资源有效配置，提高经济效益，还能达到财务管理的基本目标——提升企业整体经济效益。

（二）财务管理的特征

1. 财务管理是一种价值管理

企业生产经营活动的复杂性要求企业管理涵盖多个方面，包括生产管理、技术管理、物资管理、人力资源管理、销售管理及财务管理等。这些管理工作之间不仅相互关联、紧密协作，还具有明确的分工和各自的特点。

财务管理专注于企业的资金及其运作，通过运用收入、成本、利润、资产、负债、所有者权益和现金流量等价值指标，来组织和管理企业在生产经营过程中价值的形成、实现与分配，并处理与此相关的经济利益关系。因此，财务管理与其他管理领域最大的不同在于它是一种以价值为核心的管理方式。财务管理通过对财务数据的分析和控制，帮助企业优化资源配置，提高经济效益，确保企业的财务健康和可持续发展。

2. 财务管理是一种综合管理

商品的二元性决定了在市场经济中，所有经济要素都是使用价值和价值的结合体。企业的运营过程不仅涉及使用价值的创造和交换，还包括价值的产生和实现。由于财务管理本质上是对价值的管理，因此它具有综合性的特征。虽然在企业管理体系中，各个管理职能各有侧重点，但它们的成效和业绩最终都可以通过资金流动的情况来体现。同时，市场经济环境要求企业各项职能管理的效果和业绩必须能够转化为相应的价值指标。因此，财务管理在企业管理体系中起到了综合性的作用，并对其他职能管理起到引导的作用。通过良好的财务管理，企业可以更有效地协调各个管理职能，确保整体运营的高效性和实现财务目标。

3. 财务管理是一种行为规范管理

经济学主要探讨在资源有限的情况下如何实现最优配置，这不可避免地涉及各个经济利益主体的行为及其相互关系。财务管理则专注于企业的财务活动，从财务关系的角度出发，通过制度约束来处理企业内部各主体以及企业与外部利益相关者之间的利益冲突和协调问题。

财务管理通过明确界定财务行为主体的权利、责任和利益关系，旨在提高企业经济资源的综合配置效率。同时，财务管理不仅是一门科学，也是一门艺术，它展现了管理者的智慧和才能。有效的财务管理不仅能够确保企业在复杂的市场环境中稳健运营，还能促进资源的有效利用，从而支持企业的长期发展和成功。

四、财务管理的内容

从资金流动的角度来看，企业财务管理关键环节主要包括以下几个方面。

（一）资金筹集

企业财务管理的基础在于筹集充足的资金以支持运营和发展。资金来源包括股东投资的资金，如股本、公积金和留存收益，以及通过负债融资获得的资金，如长期债务和短期债务。

（二）资金运用

企业将筹集到的资金投入到生产运营中，用于购买房产、设备、原材料和技术等生产要素，并支付各类经营费用。在此过程中，资金转化为企业的各项资产，包括流动资产（如现金、应收账款等）、长期投资、固定资产（如厂房、机器等）、无形资产（如专利、商标等）、递延资产和其他资产。

（三）资金回收与分配

企业通过销售产品或提供服务实现营业收入，这些收入需覆盖生产和经营中的资金耗费，并产生营业利润。最终，企业根据利润状况进行资金回收和分配，包括向股东分红、偿还债务利息和本金，以及为未来投资和运营预留必要资金。

营业收入指的是企业通过销售自主生产的产品或采购的商品、完成工程项

目交付或提供服务所获得的货币收入。这个过程展示了资金从最初的货币形态开始，经过一系列的经营活动，最终回归到货币形态，实现了资金的周转。营业利润是企业在扣除生产成本、各项费用及税费后的净收入，包括商品销售利润和其他业务活动所创造的利润。企业将营业利润与投资收益相加，并根据会计准则调整营业外收支，从而得出利润总额。最后，根据相关法律法规，企业的利润需要在国家（通过税收）、企业自身（如留存收益）和个人投资者（如股息分配）之间进行合理的分配。这种分配不仅体现了企业的社会责任和股东的责任，也是保障企业可持续发展的重要措施。

第二节　企业财务管理目标

一、财务管理的目标

财务管理目标，也被称为理财目标，是企业期望通过财务活动实现的特定成果。它是对企业财务行为是否合理的评判准则，能够反映理财环境的变化，并据此作出适时调整。财务管理目标为企业的财务活动设定了起点和终点，明确了财务管理的导向。此外，财务管理目标对企业财务运作的基本特征和发展路径产生显著影响，成为推动财务运作的动力。不同的财务管理目标将导致不同的财务管理机制和策略。因此，合理设定财务管理目标对于改善财务行为、提升财务管理效能及实现财务管理的健康循环具有重要作用。

（一）财务管理的总体目标

财务管理的总体目标作为企业财务工作的行动指南，具有重大的指导作用。这一总体目标的实现需要一系列具体实施目标的支持和配合。为确保财务管理的总体目标与企业的整体战略目标保持一致，各个分部和具体目标也应与财务管理的总体目标紧密协调。综合国内外经验，财务管理的总体目标主要可分为以下几类。

1. 利润最大化

这种观点强调，利润是评估企业运营效益的关键指标，它体现了企业新生产的财富。当利润水平上升，意味着企业创造的财富增多，进而更贴近实现企业目标。

这种观点起源于20世纪30年代，建立在微观经济学理论基础之上。西方经济学家主张，企业应该依据边际收益等于边际成本的原则来确定生产和销售规模，以实现企业利润最大化。他们把利润最大化视为企业业绩分析和评价的核心准则，进而将其作为财务管理的核心目标。这种观点在某种程度上具有一定的合理性：

（1）利润是企业新创造的财富，也是已实现销售并被社会认可的价值。较高的利润水平表明企业的财富增长尤为显著，意味着企业的发展目标愈发接近实现。

（2）企业投资者、债权人、管理者及员工都能从利润中获得收益。利润不仅是提升投资者收益和员工薪资的途径，还是企业补充资本积累和扩大经营规模的基础。在自由竞争的资本市场中，资本使用权倾向于投向盈利能力最强的企业。

（3）利润是企业在一定时期内的收入与支出之差，它体现了企业在经营活动中的投入与产出效益。利润水平在一定程度上反映了企业的经济效益，由于其指标简单易懂，便于操作，因此被广泛用于评估企业经营成果。

然而，利润最大化的观点存在明显的局限性，主要体现在以下几个方面：

（1）在评估企业目标时，若未充分考虑利润获取的时间因素，便会忽视资金的时间价值。比如，今年的 100 万元利润与明年的 100 万元利润，在不考虑时间价值的情况下，企业难以作出明智的决策。因此，在制定经营策略时，务必充分考虑资金的时间价值，以确保企业能够实现最佳目标。

（2）在讨论企业盈利与风险承担之间的关系时，我们必须充分考虑风险因素。通常情况下，高收益往往伴随着高风险，而且相同的收益可能来源于不同水平的风险。例如，假设两家公司各自投入了 500 万元，今年都实现了 100 万元的利润。然而，一家公司的利润全部为现金形式，而另一家公司的利润则全部为应收账款，并且存在坏账损失的风险。在这种情形下，哪一家公司的业绩更符合其目标呢？如果不考虑风险的大小，我们很难做出准确的判断。

这是因为，如果只是一味追求利润最大化，可能会导致企业盲目扩张，从而增加财务风险。因此，在评估企业业绩时，必须综合考虑收益与潜在风险，以确保企业的长期稳定发展。合理平衡收益与风险，是实现企业可持续发展的关键。

（3）利润最大化观点在评估企业经济效益时，存在明显的局限性。这是因为该观点未能充分揭示利润与资本投入之间的关联。利润数额是一个绝对值，不同规模的企业所获得的利润可能存在较大差异。例如，两家企业都实现了 10 万元的利润，但一家企业的资本投入仅为 100 万元，另一家则为 1000 万元。那么，究竟哪一家更符合企业目标呢？显然，仅依赖利润数额作为判断依据，无法对企业的经济效益进行准确评估。因此，利润最大化的观点并不能真实反映企业经济效益的优劣，尤其在对比不同资本规模的企业或同一企业在不同阶段的经济效益时，这种衡量方式显得不够科学和客观。在追求经济效益的过程中，企业应当综合考量资本投入、利润及资本回报率等多个因素，以实现全面和可持续的发展。

（4）过度追求短期效益可能导致企业忽视长期发展。企业若过于注重利润最大化，便会超负荷、掠夺性地使用设备资源和人力，仅关注眼前利益，而对企业长远发展产生负面影响。这种行为可能导致企业后续发展动力不足，最终走向衰败。同时，为了达到利润最大化的目标，企业可能会忽视产品研发、人才培育、生产安全、技术装备提升、员工福利设施改善及履行社会责任等方面。

所以，现代财务管理观念认为，单纯追求利润最大化并不一定是最佳的决策。只有在资本投入、收益实现的时间以及相关风险都保持一致的情况下，利润最大化才可能被认为是一个合理的准则。实际上，许多经理将提升利润视为公司的短期目标。在这种情况下，忽视风险和长期可持续性可能会导致企业采取过于激进或短视的策略，从而影响其长期发展和稳定性。因此，企业在制定财务目标时，应综合考虑收益、风险和时间因素，以确保决策的全面性和可持续性。

2. 每股收益最大化

每股收益是衡量公司净利润与普通股股数之间比例的指标。这个指标的核心观点在于，股份代表了股东对企业资本的所有权份额，因此需要将公司利润与企业的权益资本相结合，以此来评估原始资本投入在企业中的运用效率。

通过对企业的实际盈利与投入资本进行比较，我们可以更准确地评估其盈利状况。这种方法不仅能克服“利润最大化”目标的局限，还能在具有不同资本规模的企业之间或同一企业的不同时期内进行有效对比，揭示其盈利能力的差异。另外，在市盈率稳定时，提升每股收益（EPS）有助于推动股价上升。这在一定程度上满足了股东财富最大化的需要，因为较高的每股收益通常能吸引投资者，提高公司股票的市场价值。因此，企业通过关注每股收益和资本回报率等指标，可以更好地在盈利能力和股东利益之间找到平衡，实现可持续的财务增长。

每股收益最大化的理念具有一定的局限性，因为它并未充分考虑到收益实现的时间和所承担的风险，这可能导致企业采取短期行为。然而，在收益实现时间和风险水平相同的情况下，每股收益最大化仍然是一个可行的目标。许多投资者将每股收益视为评估公司业绩的关键指标，因为较高的每股收益通常被认为是公司盈利能力良好的象征。然而，在追求每股收益最大化的过程中，企业需要兼顾长期发展及风险管理，以确保财务表现的可持续性和稳健性。

3. 股东财富最大化

这种观点强调，股东创立和有效经营企业的初衷是为了追求财富的最大化。因此，财务管理的核心目标应当是增加股东的财富。

上市公司的股东财富可以通过股东权益的市场价值来衡量。股东财富的增长程度可以通过股东权益的市场价值与股东初始投资资本之间的差值来评估，这个差值也被称为“股东权益的市场增加值”。股东权益的市场增加值反映了企业为股东创造的价值。

此外，股东财富还可以通过每股市价来表示，这体现了资本和利润之间的关系。股票市价受到预期每股盈余（EPS）和企业风险的影响，从而反映出每股盈余的规模、风险水平及收益实现的时间。因此，股票市场价格通常被用作股东财富的代表，其变动可以通过公司在股票市场上的股价波动实时反映出来。

将股东财富最大化作为财务管理的核心目标，其合理性体现在以下几个方面：

（1）股票市场价格的波动反映了公司价值的变动，它综合考虑了货币的时间价值和风险回报等因素。股价的波动受到企业盈利能力、经营风险和未来发展前景等多个因素的影响。当投资者对企业的未来发展持乐观预期时，股价通常会上升。这种观点关注企业的长期利益稳定性，认为股票价格会在公司内在价值附近波动。

（2）资产保值增值的需求体现在股东财富的增加上，这意味着公司资产的市场价值不断上升。

（3）对于上市公司来说，采用易于衡量、评估和奖惩的方法显得尤为重要。

然而，股东财富最大化这一理念也引发了一些争议：

（1）这个目标主要针对上市公司，但在我国和西方国家，上市公司仅占所有企业的一小部分。因此，在实际应用中，该目标难以广泛推广，非上市公司无法适用，该目标的适用范围相对较窄。

（2）股东财富最大化理念过于侧重股东利益，却忽略了他人的权益。在实际运作中，部分股东利用自身优势，侵害其他利益相关者的情况频繁发生。因此，过分强调股东利益最大化不仅不公允，而且不负责任，也不符合企业道德。这样的做法忽视了利益相关者在企业运营中的重要作用。我们应关注并保障所有利益相关者的权益，促使企业与各方共同繁荣。

（3）股票价格并不总能完全反映股东财富的真实情况。这是因为股价的波动受到多种因素的影响，其中一些是企业无法控制的非经济因素，例如市场情绪、宏观经济状况和行业趋势等。此外，还存在一些公司为了提升股价而进行的财务操纵行为。因此，股票价格可能难以准确反映企业股东的实际财富状况，这也给评估公司的实际业绩带来了一定的困扰。

4. 企业价值最大化

企业价值涵盖了其在市场上的全部资产价值，包括债权、股权、人力资本和商誉等要素，反映了企业未来盈利能力的潜在或预期价值。企业价值可以通过估算未来自由现金流量的现值来衡量。实现企业价值最大化的方式是通过合理的经营决策和最优的资金利用，充分考虑资金的时间价值以及风险与收益之间的平

衡，并重视企业的长期可持续发展。

此外，企业在追求价值最大化的过程中，还需要确保满足所有利益相关者的需求，不断增加企业财富，从而使企业总价值达到最大化。这种观点将企业价值最大化视为企业财务管理的总体目标，强调了综合考虑财务表现、风险管理、长期发展以及利益相关者利益的重要性。

将企业价值最大化作为财务管理的核心目标，其合理性体现在以下几个方面：

（1）在评估企业价值时，投资者会全面考虑资金的时间价值和风险因素。他们通过计算企业未来自由现金流量的现值总和来衡量企业的价值。这种方法不仅体现了货币的时间价值，还通过基于实现概率对自由现金流量进行预测，从而将风险因素纳入考量。这一目标有助于企业制定长期规划，选择合适的投资项目，有效筹集资金，并合理制定股利政策。

（2）提升企业价值并非仅关乎眼前的盈利，更为关键的是对未来的利润预期。因此，为确保企业价值的增长，企业需保持持续的发展势头和充足的现金流量，以避免管理层面的偏颇和短期策略。

（3）企业价值最大化不仅仅关注股东利益，同时还兼顾了其他利益相关者的需求，如债权人、管理层和全体员工。这种做法旨在平衡各方利益，实现企业可持续发展。

（4）社会资源的合理分配有助于实现经济效益的最大化。通常情况下，社会资金会倾向于那些能够最大化企业价值的企业或领域进行投资，从而推动整个社会效益的全面提升。

然而，这个目标依旧有着诸多问题：

（1）计量方法具有局限性，在计算过程中预测自由现金流量和确定折现率具有一定的难度，这可能导致较大的误差。因此，自由现金流量和折现率难以作为各部门追求的具体目标和可靠的参考依据。

（2）企业在估算其价值时，通常是以对未来收益的预期为基础，而非单纯依据现有的实际收益。这种估值方式并不能直接对企业的历史业绩进行评估，这在企业财务管理过程中可能会带来一定的挑战。换句话说，企业价值的衡量重点在于对未来收益的预期，而非现有收益的绝对数额，这使得在实际操作中，对企业当前业绩的评价变得较为复杂。

即使企业价值最大化理论存在争议，但它仍然遵循利益相关者利益最大化原则，有助于企业在追求股东收益的同时，平衡其他利益相关者的利益。通过控制财务风险、降低资本成本和提高企业整体价值，企业价值最大化已成为财务管理总体目标的主导观点。

（二）财务管理的具体目标

财务管理的具体目标是指企业在各项具体的财务活动中，为了实现财务管理的总体目标而需要达成的细化目标。

1. 筹资活动的具体目标

为了保持企业稳定运营并扩大再生产，必须确保具备充足的资金保障。企业可以采取股票发行、银行贷款、债券发行等多种筹资途径，但各种筹资方式的成本和风险不同。筹资管理的主要任务包括两点。首先，以较低的资本成本筹集更多资金。企业的筹资成本涵盖向投资者支付的利息、股息等回报，以及筹资过程中的各项费用。其次，以较低的筹资风险筹集更多资金。企业的筹资风险主要表现在到期无法偿还债务的风险。总之，筹资管理的目标是尽量以较低的资本成本和筹资风险筹集更多的资金。

2. 投资活动的具体目标

要在投资活动中实现财务管理总体目标，首先，要关注投资收益的最大化。企业的投资收益与投资金额紧密相连，较高的投资回报意味着企业较强的盈利能力，从而提升企业价值。然而，投资领域伴随着风险，企业在追求高收益的同时，也需要降低投资风险。因此，企业投资管理的具体目标包括对投资项目进行严密的可行性研究，努力提升投资回报，以及控制投资风险。

3. 营运资金管理的具体目标

作为企业运营的关键部分，营运资金管理对于保障经营活动的顺畅进行，减少资金占用，以及提高资金使用效率具有重要作用。因此，营运资金管理的目标在于在满足生产需要的基础上合理安排资金使用，加快资金周转速度，从而不断提高资金运用效益。

4. 收益与分配管理的具体目标

收益与分配管理是指企业在处理与投资者、员工、政府等利益相关者的经济利益分配过程中，对其所获得的利润进行合理分配。这一过程涉及企业现金的流出，可能对企业与利益相关者的关系及企业财务稳定性产生影响。因此，企业需要全面考虑，妥善处理与各利益相关者的关系，选择合适的分配方式。总的来说，收益与分配管理的目标是采取各种有效措施，努力提升企业利润水平，并确保企业利润得到合理分配。

二、财务管理目标的协调

企业财务活动涉及多个利益相关者，这些多元化的利益主体导致了各种复杂的财务关系。因此，要将“企业价值最大化”作为财务管理的核心目标，首要任务是协调各利益相关者之间的关系，从而减轻他们之间的利益冲突。

对于企业来说，股东、经营者和债权人是最重要的利益相关者，他们共同影响着企业的财务状况。股东委托经营者管理企业，以实现各自的目标。但有时股东和经营者之间的目标并不总是一致。同时，债权人为企业提供资金，期望获得投资回报，而非全力推动企业价值最大化，这也导致他们与股东的目标存在差异。这种现象被称为委托代理问题。为了解决这个问题，企业需要找到平衡这三者关系的方法，以实现财务管理目标。

（一）股东与经营者利益冲突与协调

经营者和股东的主要利益冲突源于他们的利益诉求不同。经营者关注在创造财富过程中获得更高的报酬、更多的福利，并尽量降低风险。与此同时，股东希望经营者能全力以赴地完成委托任务，以实现自身财富的最大化，即在较低的代价（报酬）下实现更高的财富增值。

所以，经营者可能会优先关注自身利益，从而忽视股东的利益。这种忽视主要表现在以下两个方面：

（1）道德问题。经营者通常会优先关注自己的目标，而非全力以赴地追求企业利益。他们并无必要通过冒险举措来提升股价，因为股价上涨最终会惠及股东，而一旦失败，他们的个人价值可能会受到影响。在这种情况下，他们可能会选择保持相对轻松的工作状态，以获得更多的闲暇时间。这种行为虽然不涉及法律和行政责任，但在道德层面上存在问题。股东很难对经营者的这种行为进行追责。

（2）逆向选择。经营者有可能优先考虑自身利益而忽视股东目标。例如，他们可能会过度装修办公室、购买高档汽车等，以此为自己找借口过度消耗股东的资金。此外，他们也可能故意压低股票价格，随后趁机以低价回购股票，从而导致股东财富受损。

通常情况下，为了确保企业经营者不会偏离企业目标，股东会同时采用监督和激励两种策略来调整自身与经营者之间的目标一致性：

（1）监督策略。由于经营者拥有比股东更多的企业信息，可能会导致他们的行为与股东目标产生偏差。为了防止出现“道德风险”和“逆向选择”等问题，股东需要获取更多资讯以便对企业经营者进行监督。一旦发现经营者背离股东目标，可以通过降低其薪酬待遇，甚至解雇他们，从而降低风险。

（2）激励策略。为了防止经营者背离股东利益，一种常见的方法是实施激励策略。通过这种方式，经营者可以分享企业发展带来的财富，从而被激励采取有利于股东利益最大化的行动。例如，当企业盈利增长或股价上涨时，可以给予经营者现金奖励或股票期权等形式的激励。然而，支付报酬的方式和金额需要仔细权衡。如果报酬过低，可能无法有效激发经营者的积极性，导致股东利益受损；

而如果报酬过高，股东付出的激励成本将过大，同样无法实现自身利益最大化。因此，虽然激励机制有助于减少经营者违背股东意愿的行为，但并不能完全解决问题。全面监督和激励并不总是现实可行的，因为受到成本限制，股东无法对所有事务进行监督，也无法在所有方面都提供激励。在这种情况下，股东需要在监督成本、激励成本和偏离股东目标的损失之间寻求平衡。这三者相互制约，股东需要权衡利弊，以找到能使三项成本之和最小的解决方案，这才是最佳策略。

（二）大股东与中小股东利益冲突与协调

企业的大股东通常持有大部分股份，因此在企业决策和管理中具有决定性影响力。相反，中小股东虽然数量众多，但由于持股比例较低，他们在企业决策和管理中的影响力非常有限，主要只能按持股比例分享利润。

由于大股东拥有权力和信息优势，因此中小股东的权利和利益容易受到大股东不当行为的影响。这些不当行为可能包括操控管理层、操纵股价、占用上市公司资金或进行不正当的关联交易等。这种大股东与中小股东之间的利益冲突被称为委托代理问题，即大股东作为代理人可能不会完全按照中小股东（委托人）的最佳利益行事。这种情况可能导致中小股东的利益受损，从而影响企业的整体管理和长期发展。

由于我国特定的制度背景，大股东对中小股东利益的侵害现象较为突出。因此，在企业财务管理领域，如何限制大股东的不当行为并保障中小股东的权益，已成为关注焦点。目前，我们已经构建了以下几种保护机制。

1. 为了提升上市公司的管理效能，我们需要确保股东大会、董事会和监事会之间的协同效应，并构建高效的制衡体系。具体来说，可从以下三个方面进行优化：

首先，通过法律途径加强中小股东的投票权、知情权和决策权，让他们在公司管理中扮演更为重要的角色。

其次，提高董事会中独立董事的占比，因为他们能代表中小股东的利益，在董事会中发表中立、独立的观点。

最后，完善监事会制度，确保监事会在实质上具备独立性，并赋予其更强的监督权和起诉权，以实现对董事会及管理层的有效制约。

通过以上调整，可以推动上市公司管理结构的优化，为公司的可持续发展奠定坚实基础。

2. 为了确保上市公司信息披露的全面性、真实性及时效性，对信息披露制度进行规范显得至关重要。同时，还需完善会计准则体系及信息披露规定，并加大对违反信息披露行为的企业及相关人员的处罚力度。此外，信息披露监管也需要得到进一步的强化。

（三）股东与债权人利益冲突与协调

当公司从债权人处获得融资后，双方便建立了一种以债权债务为基础的代理关系。债权人将资金出借给企业，期望在到期时收回本金并获取约定的利息收益；与此同时，公司借款的初衷是利用这笔资金拓展业务、投资具有潜在收益的项目，但同时也存在风险。这表明，双方的利益并不完全一致。

在借款前，债权人通常清楚资金的风险，并会将相应的风险回报纳入利率中。需要考虑的因素包括现有资产风险、预计新增资产风险、负债比率及未来资本结构等。然而，一旦借款合同生效，资金被企业使用，债权人就无法掌控情况。股东可能会通过经营者为了自身利益而损害债权人的权益，采取一些不当行为，例如：

1. 股东在未征得债权人同意的情况下，决定投资风险高于债权人预期的新项目。如果这个高风险计划成功，股东将独享超额利润；但如果计划失败，公司将陷入债务困境，债权人和股东将共同承担损失。尽管法律规定债权人优先于股东分配破产财产，但实际上，大部分情况下破产财产不足以偿还债务。因此，债权人的处境是无法获得超额利润，却可能要分担损失。

2. 股东在未征得债权人同意的情况下，为了提高公司盈利，可能会指示管理层发行新债券。这种做法会导致旧债券的价值下降，给旧债权人带来损失。旧债券价值下降的原因在于，发行新债券后公司的负债率上升，破产风险也随之增加。如果公司最终破产，旧债权人和新债权人将共同分配有限的破产财产，这使得旧债券的风险加大，其价值进一步下滑。

对于不能转让的债券或其他借款，债权人无法通过出售债权来减轻困境，因此他们的处境更加不利。

为了保护自身利益，债权人可以依靠法律手段，如在企业破产时优先接管并优先于股东分配剩余财产等。同时，为了平衡股东与债权人之间的利益关系，常见的措施包括实施借款限制、收回借款或暂停借款等。

第三节　企业财务管理原则

一、财务管理的基本原则

为了确保企业财务管理目标的高效实现，企业在财务管理过程中应遵循一系列基本原则。这些原则主要涉及以下几个方面。

（一）货币时间价值原则

货币时间价值原则是指在财务计量过程中，必须考虑货币的时间价值。这一原则强调，货币经过一定时期的投资和再投资后，其价值会发生变化。即使在没有风险和通货膨胀的情况下，相同数量的货币在不同时期的价值也是不同的。从数量上看，货币的时间价值等于在无风险和无通货膨胀条件下的社会平均资本利润率。

货币时间价值原则的主要应用是现值概念。在长期投资决策中，如净现值法、获利指数法和内含报酬率法等，都需要用到这一原则。此外，该原则在营业周期管理中也得到广泛应用，例如管理应付账款付款期、存货周转期和应收账款周转期等。这些应用充分体现了货币时间价值原则在财务管理中的重要作用。

通过考虑货币的时间价值，企业可以更准确地评估不同时间点的资金价值，从而做出更为合理的财务决策，优化资源配置，并提高资金使用效率。

（二）资金合理配置原则

企业进行生产经营活动必备的条件之一是拥有充足的资金。然而，无论何种企业，资金都是有限的。企业财务管理是对企业全部资金的监管，而这些资金最终会转化为企业的各种物质资源。资金合理配置意味着企业在管理和使用资金的过程中，通过有意识地规划和调整，确保各项物质资源拥有最优的结构比例，保障企业生产经营活动的顺利进行，使资金得到最大限度的高效利用，并总体上实现最大的经济效益。

资金配置，从筹资角度表现为资本结构，包括负债资本与所有者权益资本的比重、长期负债与流动负债的比重，以及内部各项目的构成比例。在筹集所需资金的过程中，企业需保持这些资金处于合理的结构比例。从投资或资金运用的角度来看，企业资金表现为不同形态的资产，这些资产之间应保持合理的结构比例关系。这包括对内投资与对外投资的构成比例。在对内投资比例方面，涉及流动资产投资与固定资产投资的构成比例、有形资产与无形资产的比重、货币资产与非货币资产的比例等。而在对外投资比例方面，包括债权投资与股权投资的构成比例、长期投资与短期投资的比重，以及各类资产内部的结构比例等。在确定这些资金构成比例时，企业应遵循资金合理配置原则。这就是说，企业需要在筹资、投资和资金运用等各个方面，保持各类资金的合理比例，以确保资金的充分利用和最大效益。

（三）收支积极平衡原则

在财务管理中，我们需关注两大平衡：

一是各类资金存量之间的协调平衡，二是资金流量的动态协调平衡。

收支积极平衡是指在任意时间段内，企业资金收支应保持总量和各时点的平衡。这种平衡是保障企业资金周转顺畅的关键。若资金短缺，可能导致企业运营受阻、错失发展机遇，甚至危及生存；资金过剩则可能导致资源闲置、浪费，带来不必要的损失。为实现收支积极平衡，企业应努力提高收入和节约成本。

1. 增加收入：寻求生产经营及内外投资所需的资金增长。包括生产适销对路的优质产品、扩大销售收入、提高市场竞争力。

2. 节约成本：减少不必要的花费，避免盲目决策。包括优化内部管理、缩短生产经营周期、合理调度资金、提高资金利用率。

为实现资金收支平衡，企业需在以下方面努力：

（1）内部管理：增收节支、缩短周期、提高产品质量、合理调度资金；

（2）外部联系：与资本市场保持紧密联系，提升企业筹资能力，确保及时获得所需资金。

通过上述措施，企业能更好地实现资金收支平衡，保障财务稳定和可持续发展。

（四）成本效益原则

在公司财务管理中，重视资金的存量和流量无疑是至关重要的，但更为重要的是关注资金的增值部分，也就是通过营业利润和投资收益实现的资金增量。为了实现这一目标，企业需要精确分析并权衡资金增量所带来的成本与收益的两个方面。成本效益原则的核心在于，深入研究企业生产经营活动中的支出与收入，评估经济行为的得失，以实现成本与收益的最优组合，从而获得更高的利润。总的来说，公司在寻求资金增量时，应注重成本与收益的平衡，以确保经济效益的最大化。

成本效益原则在企业的各项财务活动中都发挥着持续贯穿的作用。在筹资决策阶段，企业需要权衡所发生的资本成本与预期的投资回报率；在投资决策过程中，要对投资项目的现金流出和现金流入进行对比；在生产经营环节，企业应将发生的生产经营成本与获得的经营收入进行对照；在选择不同方案时，应把放弃的备选方案预期收益视为采纳方案的机会成本，并与实际收益进行比较。

（五）收益风险平衡原则

在财务活动中，风险是指实现预期财务成果的不确定性。企业在追求收益的过程中，必须面对风险，低风险通常伴随低收益，而高风险则可能带来高收益。因此，在进行财务管理时，企业不能只关注收益而忽视潜在的损失。

收益风险均衡原则：强调风险与收益之间的对等关系，要求企业在进行每一项财务活动时，都要全面评估其收益性和安全性，并根据收益和风险的平衡需求来确定最佳行动方案。企业经营者不应过分追求高风险以期望高收益，也不能过于保守，片面强调财务安全，因为这可能导致企业错失发展机会。

企业应评估自身在适应环境中的盈利能力和风险承担能力，在对风险进行合理分析和权衡后，选择最有利于企业的方案。通过这种方式，企业可以在追求收益的同时，有效管理风险，确保财务决策的稳健性和可持续性。总的来说，企业在财务管理中应寻求收益与风险之间的平衡，以实现长期的财务健康和稳定发展。

二、关于财务管理原则的其他观点

（一）有关竞争环境的原则

竞争环境原则是对资本市场中人类行为规律的基本理解。

1. 自利行为原则

自利行为原则是指在做出决策时，人们会以自身经济利益为依据。在所有条件相同时，人们会倾向于选择对自己经济利益最有利的行动。

自利行为原则的基础是理性经济人假设，这一假设认为人们在面对每一笔交易时，都会权衡其付出与收获，并会选择对自己最有利的策略来行事。这一原则假定企业决策者对企业目标有合理的认知，并对实现这些目标的方式有合理的理解。在这种假设下，企业会采取对自己最有利的行动。

问题的关键在于，商业交易的本质目的是盈利。在进行商业活动时，人们总是会为了自身的利益做出选择和决策，否则他们就没有必要参与这些活动。自利行为原则并不意味着金钱是人们生活中唯一重要的东西，或者金钱可以代表一切。相反，它认为在“其他条件相同”的情况下，所有财务交易的参与者都会选择对自己经济利益最大化的行动。

简而言之，自利行为原则强调在经济决策中，人们会根据自身的利益来选择最优策略，这有助于解释和预测市场中的各种行为。

委托代理理论是自利行为原则的一个关键应用，它将企业视为由一群自利个体组成的集合。当企业只有一个所有者时，其行为方向相对明确。然而，大型企业的复杂性在于其内部存在众多利益相关者，他们的利益可能会相互矛盾。企业的利益相关者群体庞大，包括普通股股东、优先股股东、债券持有者、银行、短期债权人、政府、社会公众、管理层、员工、客户、供应商和社区等。这些个体或团体都遵循自利行为原则。

在企业与其各利益相关者之间，大多数关系属于委托代理关系。这种既相互依赖又相互冲突的利益关系需要通过“契约”来进行协调。因此，委托代理理论是以自利行为原则为基础的。有些人甚至认为“委托代理关系”应被视为一个独

立的财务管理原则，以凸显其重要性。

机会成本原则是自利行为原则的另一种体现。当个体进行某一行为时，意味着他们放弃了其他可行的选择。因此，在采取行动之前，个体需要对比该行为与其他可能行为的优劣，以判断这个行为是否对自己最有利。在选择一个方案并舍弃另一个方案时，被舍弃方案的收益被视为采纳方案的机会成本，也被称为择机代价。尽管人们在机会成本的概念上存在争议，而且计算机会成本也可能面临困难，但无人否认它在决策过程中是一个必须考虑的重要因素。

2. 双方交易原则

双方交易原则表明，在所有交易中，至少涉及两方。当一方根据自身经济利益做出决策时，另一方也会基于自身经济利益采取相应行动。同时，另一方同样拥有智慧、勤奋和创造力。因此，在作出决策时，一方需准确预测对方的反应。

商业交易的基础在于双方原则，每笔交易至少涉及两个主体，其过程可视为“零和博弈”。其中，所有参与者都以自身利益为引导。无论在买方市场还是卖方市场，已完成交易的资产买入和卖出量总是相等的。如证券市场，每一股的出售都对应着同一股的购买。然而，购买和出售的总量保持平衡，一方的收益总是以另一方的损失为代价。高价购买使买方受损、卖方受益，低价购买则反之。双方的收益与损失相互抵消，总体上看，双方收益总和为零，因此这种交易被称为“零和博弈”。在“零和博弈”中，双方遵循自我利益的行为原则，力求获利而非受损。尽管如此，交易仍能达成，主要是因为现实中的信息不对称。由于信息不对称，买卖双方对金融证券的价值产生了不同的预期。这些不同的预期导致了证券的买卖行为：高估证券价值的人会选择买入，低估证券价值的人则会选择卖出，直至市场价格达到双方一致的预期，交易才会停止。若任何一方认为交易对自己不利，交易将无法达成。因此，在做出决策时，不仅要考虑自我利益的行为原则，还需确保对方也能从中获益，否则交易将无法实现。通过这种方式，双方能在信息不对称的情况下找到共同接受的价格点，从而完成交易。

在进行财务交易时，双方都需要遵循一个原则，那就是不要过分关注自我。在追求自身利益的同时，要充分考虑到对方的存在以及对方也会根据自我利益行事。这意味着我们不应该过于自信，误认为自己比对手更出色。例如，有些收购公司的经理声称他们能够更好地管理目标公司，从而提高其价值，并为此支付了高昂的代价。然而，他们往往没有充分考虑到目标公司管理层的能力及市场对公司价值的评估。这些人自以为比市场更聪明，发现了被市场低估的公司。但实际经验表明，当一家公司决定收购另一家公司时，收购公司的股价往往不会上升，反而会下跌。这说明收购公司的高价购买反而降低了自身的价值。

在进行财务交易时，双方应遵循的一个重要原则是关注税收的影响。由于税收的存在，特别是利息的税前扣除，一些交易呈现出“非零和博弈”的特点。政府在这些交易中扮演了一个不请自来的第三方角色，从每一笔交易中征收税款。减少政府的税收负担意味着交易双方都能从中受益。

避税是指通过合法手段来降低政府的税收负担。虽然避税可以使交易双方受益，但其他纳税人可能会因此承担更大的税收压力。从整体来看，这并没有改变“零和博弈”的本质。因此，有人提议将“考虑税收影响”作为独立的财务管理原则，因为税收会影响所有的交易。

3. 信号传递原则

信号传递原则强调，实际行动具有强大的信息传递能力，其影响力往往超过了公司口头表达的声明。

信号传递原则是自利行为原则的延伸。人们或公司遵循自利行为原则，因此，购买某项资产可以暗示该资产具有价值。购买行为传达了决策者对未来的预期或计划信息。例如，当一家公司决定进入新领域时，这表明管理者对公司实力以及对新领域未来发展前景充满信心。换句话说，这种行为可以被视为一种信号，传递出公司对未来发展的积极预期和计划。

信号传递原则强调通过分析企业行为来预测其未来收益状况。例如，频繁通过配股方式筹集资金的公司可能现金流能力不足；大量购买国库券的公司可能缺少正净现值的投资项目；内部人员出售股份可能预示着公司盈利能力下降。以安然公司为例，尽管在破产前其财报显示利润持续增长，但内部人员在一年前就开始陆续出售股票，且没有任何内部人员购买安然股票的记录。这表明，安然的管理层已经意识到公司陷入了困境。尤其当公司的公告（包括财务报表）与其实际行动不一致时，实际行动往往比言论更具说服力。这也正是俗语“不仅要听其言，更要观其行”所要表达的含义。

信号传递原则强调，企业在做出决策时，不仅要考虑行动方案的实际影响，还要关注这些行动可能对外界传递的信息。在资本市场中，各类参与者都会利用他人的交易信息来指导自己的决策，同时他们的决策信息也会被其他人所利用。因此，交易的信息效应是不可忽视的。

例如，如果商品价格降到令人难以置信的程度，消费者可能会质疑其质量，认为这种低价商品原本就不具备高价值。另一方面，如果一家会计师事务所从简陋的办公室搬到豪华的写字楼，这将向客户传递出收费较高、服务质量优且值得信赖的信号。

在考虑降价或搬迁等决策时，企业需在兼顾决策本身的收益与成本的同时，也要考虑信息效应所带来的收益与成本。

4. 引导原则

当所有途径都不奏效时，我们可以在困惑中寻找一个值得信赖的楷模作为方向，这就是所谓的引导原则。

当遇到“所有办法都失败”的情况时，说明我们的认知能力有限，无法找到有益的解决方案；或者寻找最优方案的成本过高，让我们觉得不值得去深入探讨问题的根源。在这种情况下，我们不再按照传统的决策过程，如搜集信息、制定备选方案、运用模型评估方案等，而是选择直接参考成功案例或大多数人的做法。以在陌生城市找餐馆为例，如果不想花费时间去详细了解每个餐馆的具体情况，那么就可以选择顾客较多的餐馆就餐。这样做的理由是，这些餐馆通常拥有较好的口碑，而避开顾客较少的餐馆，是因为它们可能存在价格过高或服务质量不佳等问题。

引导原则是信号传递原则的一个实例。当大量人群选择在某一餐厅用餐，这表明他们对该餐厅的优质服务给予了高度评价。既然我们承认行为可以作为一种信息传递方式，那么引导原则便得到了广泛认可。简而言之，人们通过自己的行为向其他人传递了他们对餐厅品质的肯定。

引导原则并非无脑模仿，而是在特定条件下发挥作用的方法。这两种条件分别是：一是我们的认知能力有限，难以找到最佳解决方案；二是寻找最优方案的成本过高。在这种情况下，跟随可信的人或大多数人通常是有益的。引导原则无法确保找到最佳方案，但能帮助我们避免采取不良行动。它是一种次优化的原则，理想结果是得出接近最优的结论，最坏结果是模仿了别人的错误。尽管这一原则存在潜在风险，但在面临认知能力、成本或信息限制时，采用引导原则解决问题是必要的。

实际应用中，引导原则的一个显著体现便是行业标准概念。以资本结构决策为例，理论并不能为我们提供一个适用于所有公司的最佳资本结构模型。在这种情况下，一个简单且有效的方法是参考本行业中成功企业的资本结构，或者观察大多数企业的资本结构，以确保自己的决策与其相差不大。另外，在评估一项房地产的价值时，如果全面的评估方法成本过高，那么不如借鉴近期类似房地产的成交价格作为参考。

引导原则的另一个重要应用是“免费跟庄（搭便车）”的概念。在这种情况下，一个“领头人”会花费资源来找到最佳的行动方案，而其他“追随者”则通过模仿这一方案来节省信息处理成本。有时，领头人可能会付出巨大代价，而追随者却可能因此获得成功。

在知识产权领域，《中华人民共和国专利法》和《中华人民共和国著作权法》旨在保护领头人的权益，强制追随者向领头人支付费用，以防止“免费跟庄”现象发生。然而，在财务领域中并没有类似的法律限制。许多小股民常常跟随“庄家”或机构投资者，以此来节约信息收集和分析的成本。

当然，“庄家”也会利用这种“免费跟庄（搭便车）”的现象进行恶意炒作，损害小股民的利益。因此，各国的证券监管机构都禁止操纵股价的恶意炒作行为，以维护证券市场的公平性和透明度。

（二）有关创造价值的原则

创造价值的原则是对增加企业财富基本规律的认识和体现。

1. 有价值的创意原则

有价值的创意原则是指创意能够带来额外的回报。

竞争优势理论主张，企业的核心竞争力主要体现在两个关键要素：产品（或服务）的独特性和成本优势。所谓产品的独特性，即企业在所处行业中，在客户高度重视的领域如产品本身、销售配送、市场营销渠道等方面具备与众不同的特色。这种独特性源自企业的创新精神。如果一家企业能够不断创新，保持产品的差异化，并且产品的溢价高于实现这些独特性所增加的成本，那么这家企业便能够获得超过行业平均水平的利润。

众多新产品的诞生，使得发明者和生产企业日益繁荣昌盛。

有价值的创意原则主要适用于直接投资项目。一个项目要实现正的净现值，关键在于其是否有创意。仅仅重复过去的投资项目或模仿他人的做法，最多只能获得平均收益率，而无法实质性增加股东财富。一旦新的创意被他人跟进，原有的优势便会消失。因此，创新优势总是暂时的。为了实现长期竞争优势，企业必须在短期内不断推出创新产品，从而维持差异化竞争，持续为股东创造价值。

这一原则同样适用于商业和销售领域。以连锁经营模式为例，这种创新策略使得麦当劳的投资者变得极为富有。

2. 比较优势原则

比较优势原则是指利用各自的专长来实现价值创造。

在市场竞争中，所有参与者都力求盈利，但要实现这一目标，就必须在某一方面拥有超越他人的优势。这种优势将成为盈利的基础。一个人若没有相对优势，就很难获得超过平均水平的收入；同样，一家不具备比较优势的企业，也很难为股东创造价值。

比较优势原则的基础是分工理论。这一原则主张，每个人应专注于自己擅长的领域，每个企业应集中生产其最具竞争力的产品，从而提高整个社会的经济效率。

比较优势原则的应用之一是“人尽其才，物尽其用”。在完善的市场环境中，我们并不强求每个人都能达到顶级水平，但需要了解谁具备完成某一任务的能

力。对于某项工作，如果有人能比自己完成得更好，就应该支付报酬让他们去完成。而自己则应专注于那些比别人更擅长的任务，从而让别人为自己支付报酬。当每个人都致力于做自己最擅长的事情时，每个岗位都能找到最合适的人选，从而提高整体经济效率。

同样，企业也应聚焦于自己最擅长的领域，这样可以推动整个国家经济效率提升。国际贸易的基础在于各国生产自己最具效率的产品和劳务，通过这种方式，各国都能从中受益。这种分工和专业化不仅提高了国内市场的效率，还促进了全球资源的优化配置。

应用比较优势原则的另一个场景是优势互补。在商业实践中的合资、并购及收购等场景，参与者通常会基于互补优势的观念展开合作。例如，当一方具备独特的生产技术，而另一方拥有出色的销售网络时，双方联手可以将各自的优势迅速整合，从而创造出全新的竞争优势。这种优势互补的合作模式，有助于双方在市场竞争中脱颖而出。

比较优势原则强调企业应将主要精力集中在自身相对优势的领域，而非过度关注日常运营事务。这一原则主张企业发挥自身特长，以实现竞争优势。

保持竞争优势并建立稳固的基础，是企业实现长期盈利的重要因素。

3. 期权原则

期权是一种具有经济价值的权利，持有者享有在特定时间内以约定价格购买或出售资产的权利，但无义务执行。在估算期权价值时，应遵循期权原则，充分考虑期权的各项特征及其所蕴含的经济价值。

期权概念最初起源于金融市场中期权交易的行为，它阐述了一种状况，那就是期权购买者（也称为所有者）具有要求期权出售者（又称出票人）执行合同中规定交易的权力，但出票人无法强迫期权购买者进行任何交易。在财务领域，一个明确的期权合约一般会规定在预先设定的价格上买卖某种资产的权利。

期权的概念并不仅限于金融领域，所有不带有强制性责任的权利都可以被视为期权。许多资产都内含隐性的期权。例如，一个企业有权选择是否出售某项资产：若市场价格未达预期，可以选择不出售；若价格满意，则可以选择出售。这种选择权在很大程度上是普遍存在的。投资项目中也存在类似的情况。尽管最初预计项目会有正的净现值，但在实施过程中可能会发现实际情况并不如预期那样理想。在这种情况下，决策者不会让项目按原计划进行，而是会选择终止项目或调整方案，以尽量降低损失。这种后续的选择权具有价值，可以提高项目的净现值。因此，在评估项目时，应考虑是否存在后续选择权以及其价值大小。在某些情况下，资产所附带的期权价值可能会超过资产本身的价值。

4. 净增效益原则

净增效益原则是指在财务决策过程中，一个决策的价值取决于它与其他替代方案相比所创造的净收益。这意味着在进行财务决策时，我们需要关注各个方案之间的效益差别，以确保我们的决策能够带来更大的收益。

决策的优劣主要通过与其他可选方案（包括维持现状不采取行动）的比较来判断。如果一个方案的净收益优于其他方案，我们就认为它是一个优于替代方案的决策，其价值体现在增加的净收益上。在财务决策中，净收益通常以现金流量作为衡量标准。所谓净收益，是指方案的现金流入减去现金流出的差值，也被称为现金流量净额。现金流入是指该方案导致的现金流入量的增加，现金流出则是指该方案引发的现金流出量的增加。这里的“方案引起的增加额”是指这些现金流量依赖于特定的方案，如果没有采纳该方案，这些现金流入和流出就不会发生。

净增效益原则在实际应用中，特别是在差额分析法中，体现为对投资方案的深入洞察。该原则强调应仅关注不同方案之间的差异，而非它们的共性部分。尽管这一原则看似简单，但要真正落实它，需要对企业现金流量总额的直接和间接影响进行全面而深入的分析。

以新产品投产决策为例，其现金流量的影响不仅包括新设备的投资，还涉及现有非货币资产的调动；不仅涉及固定资产的投资，还需考虑营运资本的追加；不仅关注新产品的销售收入，还要留意对现有产品销售的影响；不仅要着眼于产品的直接现金流入和流出，还要考虑公司税务负担等多方面因素。

此外，净增效益原则还应用于沉没成本的概念。沉没成本是指已经发生且无法改变的代价，与未来的决策无关。因此，在分析决策方案时，应将沉没成本排除在外，以确保决策的公正性和合理性。通过这种方式，企业可以更准确地评估不同方案的真实效益，从而做出更加明智的决策。

（三）有关财务交易的原则

财务交易原则是指人们在进行财务交易时对基本规律的理解和认知。这些原则帮助指导决策过程，确保交易的有效性和合理性。

1. 风险与报酬权衡原则

风险与报酬权衡原则指出，风险和报酬之间存在一种平衡关系。在进行投资决策时，投资者必须在风险和报酬之间做出权衡，要么为了追求更高的报酬而承担更大的风险，要么为了降低风险而接受较低的报酬。这种“权衡关系”意味着，高收益的投资机会通常伴随着较高的风险，而风险较小的投资机会则只能带来较低的收益。

在财务交易中，人们通常会优先选择高回报且低风险的方案。如果两个投资方案在其他条件（包括风险）相同的情况下，大多数人会倾向于选择回报更高的那个，这体现了自利原则的影响。同样，如果两个投资方案在其他条件（包括回报）相同的情况下，人们会更偏好风险较低的那个，这是人们对风险天然厌恶的表现。

这种“风险厌恶”意味着人们普遍对风险持有负面看法，将其视为一种不利因素。因此，相比于不确定的 1 元钱，人们更倾向于确定的 1 元钱，因为其经济价值更高。简而言之，人们在进行投资决策时，会在追求高回报和规避风险之间寻找平衡，而风险厌恶则使得人们更倾向于选择那些具有较高确定性的投资机会。

当人们寻求高收益并力求降低风险时，他们会依据自身经济利益来行动，这导致了在竞争中风险与收益之间的平衡。想要在低风险的情况下获得高收益几乎是不可实现的，尽管这是每个人的期望目标。即使你率先发现这样的机会并迅速抓住，其他人也会迅速效仿，进而将收益水平调整至与风险相匹配的程度。因此，在实际市场中，只有高风险的投资才能带来高收益，而低风险投资则相对收益较低。

为了抓住获取丰厚回报的机会，人们必须面对可能遭遇重大损失的风险。在投资市场，每个参与者都在衡量风险与收益的平衡。有些人偏爱高风险、高回报，而另一些人则更喜欢低风险、低回报。但无论哪种情况，人们都希望风险与收益相对应，不会去承担无意义的风险。

2. 投资分散化原则

投资分散化原则强调不要将所有资产集中在一个投资项目上，而是要实现投资的多样化分布。

投资分散化原则的理论基础源于投资组合理论，特别是马科维茨的投资组合理论。这一理论阐释了：一个包含多种股票的投资组合，其收益为各成分股票收益的均衡加权，但组合的风险却低于各股票加权平均的风险。因此，投资组合在降低风险的同时，也能够实现收益的多样化。

一个人若将全部财富投入一家公司，一旦该公司破产，他将失去所有资产。但是，如果他将资金分散投资于十家公司，那么只有当这十家公司全部破产时，他才有可能丧失全部财富。显然，十个公司同时破产的概率要远低于单一公司破产的概率。因此，投资多样化能够有效降低风险。

投资分散化原则在实践中具有广泛的应用。不仅在证券投资领域，公司在做出各种决策时也应遵循这一原则。这意味着要避免公司将全部投资集中在某一项目或产品上，以降低风险过于集中的可能性。同时，公司应注意分散销售渠道，避免过度依赖少数客户。此外，公司还需确保资源供应的多元化，以免所有资源集中于单一供应商。重要的是，公司不应过分依赖个人来完成重要任务，重要决策也不应由一人独自作出。对于存在风险的事项，务必贯彻分散化原则，以减轻风险的影响。

3. 资本市场有效原则

资本市场是一个交易证券的市场，投资者在这里购买和出售金融资产。资本市场有效性原则阐述了一点，那就是金融资产的市场价格能够迅速反映出所有已知的信息，并对新信息做出适当的调整。这就意味着，在有效的市场中，投资者可以充分利用现有的信息来进行投资决策，同时，市场价格的变动也能及时反映出新信息所带来的影响。

资本市场有效性原则强调，在理财过程中，我们应高度重视市场对企业价值的评估。资本市场犹如企业的镜子，同时也是引导企业行为的矫正器。股票价格能够全面反映公司的经营状况，因此，滥用会计方法、人为操控财务报告以提高公司价值的行为在有效市场中是无效的。有些公司将大量精力投入到财务报告的操控中，通过“创新性会计处理”来提升报表利润，试图以此误导投资者。然而，在有效的资本市场中，这种做法是无法长久掩盖真相的。采用资产置换、关联交易等手段操纵利润，短期内或许能取得一定成效，但长期来看，企业必将为之付出代价，甚至面临破产风险。当市场对公司的评价下滑时，我们应关注公司是否存在问题，并寻求改进之道，而非试图欺骗市场。那些企图蒙蔽市场的人，最终会被市场所淘汰。因此，诚信经营、真实反映公司状况，才是企业在资本市场立足的根本。

资本市场有效性原则强调在财务管理过程中要审慎运用金融工具。如果市场完全有效，买卖金融产品交易的净现值就会为零。作为从资本市场筹集资金的主要对象，公司很难通过筹资实现正的净现值，也就是增加股东财富。由于生产经营性投资主要是在少数公司之间进行，因此竞争并不充分。然而，具有专利权、专有技术、良好商誉和较大市场份额等优势的公司，在一些直接投资中仍能实现正的净现值。资本市场与商品市场的区别在于，其竞争程度更高、交易规模更大、交易成本更低、资产具有同质性，因此有效性远超商品市场。所有需要资本的公司都在寻求成本较低的资金来源，大家处于平等地位。公平竞争使得财务交易基本趋于公正。在有效的资本市场上，投资者只能获得与投资风险相匹配的报酬，即与资本成本相同的回报，难以提升股东财富。

4. 货币时间价值原则

货币时间价值原则是指在财务计量过程中，必须考虑货币的时间价值。所谓“货币时间价值”，是指货币经过一段时间的投资和再投资后，其价值会增加。

货币时间价值源于一个普遍的经济现象：随着时间的推移，投入市场的货币金额会不断增长。为了吸引投资者愿意拿出他们的资金，市场必须给予他们一定的回报。因此，货币的时间价值体现在市场对投资者所需补偿的方面。

货币时间价值原则的核心在于现值理念。现值理念主张，与未来相比，现在的1元钱具有更高的经济价值。鉴于不同时期的货币价值不能直接进行加减运算，我们需要对其进行调整。通常，我们需要将不同时间点的货币价值转换到“现在”这个时刻，然后再进行计算或比较。这一过程被称为“折现”，所采用的比率则被称为“折现率”，折现后的价值则被称为“现值”。在财务估值领域，现值计量法在资产价值评估中得到了广泛应用。

货币时间价值原则的另一个主要应用是“早收晚付”的观念。在无息货币收支的场景中，人们普遍偏爱尽早收到款项，而延迟支付。这是因为，手头的货币可以立即用于当前消费，无须等待未来；也可以用于投资以实现增值，避免损失原有价值；还能应对意外的支付需要。因此，“早收晚付”在经济层面上是具有优势的。

第四节　企业财务管理环境

财务管理环境，也称为理财环境，是指所有影响企业财务活动和决策的各种内外部条件的总和。企业的财务活动受到这些环境因素的制约。内部环境因素包括企业的生产经营状况、技术水平、制度安排、经营策略和文化价值观等；外部环境因素则包括政治环境、经济环境、法律环境和市场环境等。

值得注意的是，在不同时间、地点和行业背景下，企业所面临的内外部环境各不相同。深入研究财务管理环境有助于企业制定合适的理财策略。只有当企业选择与当前环境相适应的理财策略时，才能确保其持续生存和不断发展。

一、财务管理的内部环境

财务管理的内部环境，亦称为微观财务管理环境，是指对企业财务管理产生重要影响的内部因素。这些因素包括企业的性质、所处行业、生产经营规模、技术实力、生产状况、原材料供应与产品销售状况、管理水平及员工素质等微观方面。这些内部因素对企业财务管理具有至关重要的影响，它们相互交织，共同形成了企业财务管理的内部环境。只有充分了解和掌握这些内部环境因素，企业才能更好地制定财务策略，确保财务目标的实现。

第一，企业性质的不同决定了其内部财务管理权限和职责划分的差异，从而影响财务管理的效果。

第二，企业所在行业和提供的产品或服务类型各不相同，这决定了资金需求和营运资本管理方法的差异。

第三，企业规模的差异在一定程度上反映了其资金实力的差别。大型企业资金充足，倾向于进行大型投资项目和长期股权、债权投资，具有较强的举债和获取商业信用能力。相比之下，中小企业资金相对不足，主要用于内部生产经营活动，多为小型投资项目，获取商业信用和银行贷款的能力较弱。

第四，随着科技进步不断涌现的新技术和新产品，逐渐成为企业发展的核心竞争力。企业的技术实力和水平影响投资项目的市场竞争力及盈利能力，进而影响企业的筹资能力。

第五，企业生产状况对财务管理具有重要影响。技术密集型企业拥有较多的先进设备，固定资产比重大，需要筹集的长期资金较多；而劳动密集型企业人力需求较大，固定资产比重较小，长期资金占用较少。

第六，企业产品所处的生命周期不同，财务管理的重点也有所不同。此外，企业的销售状况和内部管理水平对企业财务管理也有着重要影响。

除却上述因素，企业的组织架构、财务管理机制及财务管理方式也在很大程度上影响着企业财务管理的效果。

（一）企业的组织形式

企业的组织形式繁多，但典型的可分为三类：个人独资企业、合伙企业和公司制企业。

1. 个人独资企业

个人独资企业是由单个自然人独立创立的企业类型，该企业的所有财产归属于创立人个人。投资人对企业债务承担全额责任，这就意味着其个人财产可能会受到企业债务的影响。

个人独资企业的优势包括：①手续简单，便于开设、转让和注销；②税收负担较轻，无须缴纳企业所得税；③经营管理上的限制较少，固定成本低，生存压力小，经营方式灵活，决策效率高；④无须公开信息，技术及财务信息保密性强。

个人独资企业在运营过程中面临一些难以克服的挑战：

一是风险较高。由于企业主需要对企业债务承担无限责任，这不仅提高了对财务规划的要求，也使得企业主面临着较大的个人风险。这种安排可能会让企业主在考虑进入高风险、高回报的行业或项目时更加谨慎，从而限制了他们对于新兴产业的投资，这对于这些新兴领域的成长和发展不利。

二是资金筹集不易。鉴于资金主要来源于单一所有者，而个人资源通常是有限的，当寻求外部融资时，可能会遇到障碍。比如，贷款机构可能因担心信用水平不足而不愿意提供贷款，这种情况会限制企业的扩展能力及其参与更大规模经

营活动的机会。

三是经营持续性差。当一个企业的所有权与经营权高度集中于一个人身上时，该个体的任何变故（如去世、遭遇经济困境或是法律问题）都可能直接导致企业无法继续运作。这种结构不利于保证企业的长期稳定和连续发展。

由于上述特点，个人独资企业的理财活动相对较为简易。

2. 合伙企业

合伙企业是一种企业形式，其由两个或多个合伙人依据合作协议共同投资、共同运营、共享收益、共担风险，并对企业债务承担无尽连带责任。这些合伙人通常为自然人，但也可以是法人或其他组织。为了防止经济纠纷，合伙企业在创立时必须签订合伙协议，明确各合伙人的权益和职责。合伙企业与个人独资企业相比，它们在优缺点上有一定的相似性。合伙企业的优点如设立程序简洁、设立成本较低等，而其缺点则主要在于责任无上限、权力分散、产权转让困难等，只是程度上的差异。相反，相较于个人独资企业，合伙企业的信誉较好，更易于筹集资金和扩大规模，同时其经营管理能力也较强。

相较于独资企业，合伙企业的财务管理更为复杂，原因在于其资金来源和信用能力的多样性，使得盈余分配变得更为烦琐。因此，在合伙企业中，财务管理的要求更高，涉及的环节也更加复杂。

3. 公司制企业

公司制企业是根据我国相关法律法规设立的，具有自主经营和自负盈亏的特点。这类企业由法定出资人（股东）组成，拥有法人资格，构成了一个独立的经济实体。

由于公司作为独立法人能够以自己的名义开展经营活动，因此具备以下优势：

（1）拥有无限的持续时间。股东投入的资本长期为公司运营提供支持，股东无法直接从公司财产中撤回投资，仅能通过转让所持有的股份来获取投资回报。这种资本的长期稳定性保证了公司在不解散或破产的前提下，可以独立存续并持续无限期，为企业的战略管理创造了有利环境。

（2）易于转让所有权。与个人独资企业和合伙企业相比，公司制企业在所有权转让方面拥有更大的灵活性。在有限责任公司中，股东若想转让其出资，需经过股东会的审议并获得通过；而股份有限公司的股票则可以自由交易，具备较高的流动性。

（3）股东对公司承担有限责任，公司的债务属于法人债务，与股东个人债务相互独立。股东对公司债务的责任仅限于其出资额，这一制度降低了股东的投资风险，促进了投资的多样化。这种有限责任的安排有助于吸引社会上的闲置资金投入到企业中，进而支持企业扩大规模和发展。

（4）由于具有以上三个优势，公司在资本市场上筹集资金相对更为容易。因为有限债务责任和公司的无限存续，投资者面临的风险降低了。同时，所有权易于转让这就提高了投资者资产的流动性。因此，投资者更倾向于将资金投入公司制企业，这有助于企业实现资本扩张和规模增长。

尽管公司制企业具有众多优势，但依然存在一些不足之处。

首先，公司需承担双重税收负担，其盈利需缴纳企业所得税，分配给股东后，股东还需缴纳个人所得税。

其次，公司的设立、运营及注销流程相对复杂，尤其是公司成立后，政府对其监管较为严格，需要定期提交各类报告。

此外，公司制企业还存在代理问题。虽然公司所有权归全体股东所有，但经营权却委托给了专业的管理者。虽然这有助于提升公司运营能力，但管理者可能会为自身利益而损害股东利益，导致代理问题的产生。然而，在公司、合伙企业和个体工商户三种企业组织形式中，公司制企业具有最大优势，成为众多企业普遍采用的组织形式。

因此，现代财务管理研究主要针对公司制企业展开，本书所涉及的财务管理知识也主要针对公司制企业。

（二）财务管理结构

财务管理结构是公司管理框架中关于企业财务权力分配的一项制度安排，它涵盖了企业收益权、投资权、筹资权、预测权、决策权、监督权等各个方面的协调和规划。这一结构对公司财务管理起着至关重要的作用。对于公司制企业而言，财务管理结构的目标是解决财务管理问题，明确股东大会、董事会、监事会、管理层及员工之间的财务职责、权益和利益分配，并构建一套高效的激励与约束机制。

1. 财务机构的设置

在企业内部，构建合理的财务部门对于实施有效的财务管理体系至关重要。以制造业公司为例，在财务总监领导下，设置并列的会计部门和财务部门，分别承担会计职责和财务管理职责。财务部门根据相关财经法规和财务管理原则，通过预测、决策、规划、控制、分析等手段进行资金运作管理，并提交有关改善财务状况和提高经济效益的报告。

财务部门可以被进一步划分为多个子部门，如筹资管理、投资管理、信用管理、成本管理及利润分配管理等。筹资管理子部门的主要职责包括预测公司的资金需求、筹集必要的资金以维持运营，制定资本结构策略以实现最优资本配置，同时管理筹资风险，确保公司与投资者、债权人的关系顺畅。投资管理子部门负

责投资可行性研究、投资决策，保持良好的资产结构和投资比例，强化投资风险管理，以及妥善处理与被投资单位的经济利益问题。信用管理子部门则专注于客户信用调查、评估、监控和检查，制定信用政策，执行信用条件决策，催收逾期应收账款，以及处理与债务人的经济关系，甚至在必要时提供内部贷款功能。成本管理子部门负责企业成本费用的规划、控制、评估和分析等管理工作，以降低成本费用。最后，利润分配管理子部门协助董事会制定股利政策，管理利润分配，以及处理企业与国家和投资者等各方的分配关系。

2. 财务岗位的设置

在企业内部，财务权力的分配规定如下：股东大会及其授权的董事会具备重大财务决策的权力，监事会则负责监督职能，而经理层则拥有财务经营权以及董事会授权的日常财务决策权。因此，为了确保企业的有效运营，董事会、监事会和经理层都应该配备相应的财务管理职位。

（1）财务董事。财务董事由股东大会选举产生，通常由非管理层董事或独立董事担任，他们主要来自拥有高级财务技能和丰富财务运作经验的各领域专家。在董事会中，财务董事负责处理企业的财务管理事务，包括对管理层提交的运营和投资方案的相关财务预算做出决策，提出财务制度建设建议，审查年度经营报告，以及评估企业财务活动的执行效果等。

（2）财务监事。财务监事是监事会的重要成员，由股东大会选举产生。他们通常拥有高级财务技能和丰富的财务运作经验，来自不同领域。作为监事会的主要职责，财务监事负责审查和监督企业的财务活动，并对管理层的经营行为进行评估。

（3）财务总监。财务总监是企业中高级管理人员中的一员，主要负责监督和管理日常财务活动。他们在制定和执行公司重大经营计划方面发挥着关键作用，并在高层决策过程中积极参与。此外，财务总监承担着保证财务信息真实性和准确性的主要责任，并致力于维护股东及其他所有者的权益。

（4）财务经理。财务经理是在财务总监的领导下，负责处理企业筹资、投资、运营资金及利润分配等业务的中层管理人员。

（三）财务管理模式

对于企业集团来说，除了在财务管理机制中对财权进行分配和规划外，母公司与子公司之间财务管理权限的明确划分也对企业集团的整体财务活动有着较大影响。这种权限划分有助于确保整个集团内财务资源的有效管理和利用。

1. 集权型

集权型财务管理模式的主要特点是母公司掌握所有重大财务决策权，并对子公司进行严格的管理和控制。这种模式的优势包括：通过集团最高管理层的统一决策，有助于规范各成员企业的行为，推动实现集团整体政策目标；充分发挥集团公司各种资源的整合优势，集中力量，实现集团公司的整体目标；防止集团扩张导致的管理失控，使财务风险降低。

集权型财务管理存在以下缺点：

（1）高度管理能力要求。总部需要具备高水平的素质和能力，以高效地汇总和处理来自各方的详尽信息。如果无法做到这一点，决策可能基于不充分或错误的信息，从而导致严重的决策失误。

（2）子公司积极性受损。过度集中的财务权限可能削弱子公司的自主性和积极性，限制了它们在应对本地市场时的灵活性和创新能力。

（3）决策滞后。所有重要决策均需经过总部审批，由于信息传递链条较长，可能导致决策过程缓慢，错过最佳行动时机。

（4）市场适应性较弱。集权管理模式可能导致企业缺乏迅速应对市场变化的能力，过于僵化的管理体系往往难以适应多变的市场环境，有时甚至会导致“一管就死”的局面。

总之，尽管集权型财务管理有助于统一管理和控制风险，但其潜在问题不容忽视，尤其是在保持子公司活力和市场敏感度方面。

2. 分权型

分权型财务管理模式是一种管理策略，其主要特点在于子公司在大多数决策事项上拥有自主权，母公司则通过间接管理手段对子公司进行监督。在这种模式下，集团母公司将对子公司的财务权力下放，使子公司能够自主管理和决策财务事务。仅在涉及集团整体利益和发展的重要财务决策方面，才由集团最高层进行集中处理。

这种管理模式的优势在于：激发子公司各级管理者的积极性；使子公司的市场反应更加敏捷，决策速度更快，能够迅速抓住商业机会，提高盈利可能性；同时，这也使得集团最高层管理人员能够把精力和时间集中在企业最关键的战略决策上。

分权型财务管理的缺点主要包括以下几点：

第一，统一领导和协调的困难。在分权模式下，子公司拥有较大的自主权，这可能导致它们过于关注自身利益，而忽视了集团的整体目标。有时，这种情况甚至可能导致子公司采取损害集团整体利益的行动。

第二，母公司财务控制能力的下降。由于权力下放至子公司，母公司对财务活动的直接控制力度减弱，这使得母公司难以迅速发现并应对子公司可能面临的风险和问题。

第三，经营者监督不足。在分权管理模式下，对子公司管理者的监督机制不

够有效，容易导致“内部人控制”现象的发生。也就是说，部分管理层人员可能会利用手中的权力谋求个人利益，而非全心全意为公司整体利益服务。

总的来说，尽管分权型能够提高子公司的灵活性和响应速度，但同时也带来了管理和协调的挑战，以及潜在的内部管理风险。

3. 结合型

结合型财务管理模式是一种在集中控制下实行分权管理的财务管理方式。在这种模式下，母公司对重大决策和关键问题保持高度集中的控制权，而子公司则在日常运营中享有较大的自主权。这种模式巧妙地融合了集权与分权的优势，既能够发挥母公司的财务调控能力，又能激发子公司的积极性和创新能力，并有效防范管理层和子公司可能面临的各种风险。

结合型财务管理的核心目标是最大化整个企业集团的经济效益。通过将重大财务活动的决策权集中在母公司手中，可以确保战略方向的一致性和资源的有效配置；同时，赋予子公司足够的自主经营权，使其能够更好地适应本地市场的需要并快速应对变化。其主要特点包括：

（1）集团主要负责制定核心政策，例如发展战略和统一的内部管理规范，各子公司需严格遵守并参照执行。同时，考虑到各自的特点，各子公司可以进行适当地补充。

（2）基于集团战略和子公司发展计划，我们需要遵循整体最优化的原则，来设定资源分配优先级并明确各子公司的职责权限。

（3）子公司负责制订并提交业务计划，母公司则负责审批、发布并严格执行评估与考核。

（4）子公司的财务部门在业务上遵循母公司财务部门的指导，并定期向母公司通报子公司的发展情况。在子公司财务经理的人事管理方面，如招聘、晋升和离职等事项，均需征得母公司的同意。

二、财务管理的外部环境

财务管理的外部环境，也称为宏观财务管理环境，是指对企业财务活动产生影响的各种外部条件。这些条件构成了企业财务管理的基础和生存土壤，同时也是在进行财务决策时必须考虑的不可改变的外部约束因素。外部环境涵盖多个方面，包括法律法规、经济状况、税收政策、社会文化、自然资源及宏观经济形势等。

良好的外部环境是企业有效发挥财务管理职能的前提。然而，外部环境是不断变化的，它会随着政治、法律、文化及管理体制的变化而变化。因此，企业需要深入了解并掌握外部环境的变化规律，以便制定合适的发展战略，促进企业的健康发展，同时规避不利影响，减少潜在的风险和损失。

通过不断监测和适应外部环境的变化，企业可以更好地规划其财务策略，确保长期稳定发展，并在多变的市场环境中保持竞争力。

（一）金融市场环境

金融市场是资本供给方和需求方通过各种信用工具进行资金交易的平台。作为与企业财务管理最为密切相关的外部环境之一，它在以下几个方面发挥着重要作用。

第一，金融市场是进行企业筹资和投资的平台。企业在面临资金需求时，能够根据自身的具体情况，在金融市场上选择合适的融资方式，比如申请银行贷款、实施融资租赁、发行股票或债券等。同理，当企业拥有闲置资金时，也能够根据实际情况，灵活地选择多种投资方式，以优化资金配置并实现资本增值，这些方式包括将资金存放于银行、投资债券市场或购买股票等。

第二，企业在金融市场上拥有将资本形态进行灵活转换的能力。在纷繁复杂的融资活动中，企业得以在各式资本形态之间自由切换，具体表现为以下三个方面。

首先，在时间维度上，企业能够调整资本的时间配置。例如，企业可以选择出售长期债券，迅速将其转化为短期现金流；或者通过远期汇票的贴现，将未来的收益提前转换为现金。

其次，在空间维度上，企业可以利用金融市场将资本在不同地理位置之间转移，促进资金的国际或区域流动。

最后，在数量维度上，企业可以将大规模资本分散成多个小额资金，或者将众多小额资金集合起来形成大额投资。例如，企业可以通过出售大额可转让定期存单，将其变为短期内可支配的资金。反之，短期资金也可以在金融市场上转化为长期资产，如股票和债券等。这种灵活性使企业能够根据自身的财务状况和市场环境，优化资源配置和提升资金效率。

第三，金融市场对于企业财务管理发挥着至关重要的作用，其利率的起伏直观反映了资金的供求状况；同时，证券市场中的价格变动也客观反映了投资者对企业运营现状及其盈利能力的综合判断。因此，金融市场成为企业在制定经营策略、进行投资决策及筹集资金时的核心参考因素。

1. 金融市场的组成要素

金融市场涵盖参与者群体、多样化的金融工具及运作其中的市场机制三个基本要素。

（1）市场参与者

市场参与者，亦称作市场主体，是指在金融交易过程中发挥作用的多种经济

主体，涵盖公司、个人及金融机构等。

金融中介机构分为银行和非银行金融机构，它们在资金需求者与供给者之间扮演着桥梁的角色。中国的银行体系主要由三部分构成：中国人民银行、政策性银行及商业银行。

作为国家的中央银行，中国人民银行负责制定并执行货币政策，同时承担管理国库及其他相关职能。政策性银行则是由政府创办，其主要任务是落实国家的产业及区域发展战略，这类银行并不以营利为首要目标。而商业银行则通过提供存款、贷款服务及转账结算等业务来运作，并以实现利润最大化为其核心经营目的。

此外，非银行金融机构也是金融系统的重要组成部分，包括但不限于保险公司、信托投资公司、证券机构、财务公司及金融租赁公司等。这些机构各自提供不同的金融服务，共同促进了金融市场的发展和完善。

（2）金融工具

金融市场上交易的标的物被称为金融工具，这类工具包括货币、债务证券、权益证券及信用凭证等多种金融资产。具体来说，债务证券主要包括政府债券、企业债券，以及商业银行发行的可转让存款凭证；权益证券则主要分为普通股和优先股；信用凭证则包括了票据、借款合同、抵押合同等类型。

（3）市场机制

金融市场的运行机制主要由市场架构、交易方式和监管措施三大要素组成。市场架构主要包括交易所交易和场外柜台交易两种类型；交易方式则包括现货、期货、期权以及信用交易等多种类型；监管措施涉及监管部门的一般管理、中央银行的调节，以及国家法律体系的规范。

2. 金融市场的种类

金融市场的结构错综复杂，包含众多不同级别和层面的子市场。这一庞大体系可根据不同属性和标准，从多个角度进行分类和梳理。

金融市场按照交易时间的长短，主要分为短期资金市场和长期资本市场两种类型。短期资金市场，通常称作货币市场，涉及的是不超过一年期限的资金流转活动，包括同业拆借、票据交易、大额存单及短期债券市场等，它的主要功能是满足企业对短期资金的需求，确保短期资金的顺畅流通。相对而言，长期资本市场则专注于超过一年期限的资金交易，涵盖了长期信贷和长期证券市场（例如股票、债券等），它的核心作用在于满足企业对长期资金的需求，推动长期资金的合理配置与融通。

金融市场根据交割时点的不同，主要分为现货市场和期货市场两种类型。现货市场是指交易双方一旦成交，便会立刻或者在几个工作日内完成资金与证券的交割过程。相对地，期货市场则是指交易双方依据事先协商确定的未来某一特定时间点进行证券交割的场所。

金融市场按照交易性质的差异，主要分为发行市场和流通市场两种类型。发行市场是指金融工具，如证券和票据首次交易的场所，这一市场也常被称作初级市场或一级市场。相对地，流通市场涉及那些已经发行并进入公开交易的证券和票据等金融工具的买卖活动，通常称为次级市场或二级市场。

金融市场根据交易对象的直接属性，可以分为资本市场、外汇市场和黄金市场三大类别。资本市场以货币和各种证券为主要交易工具，涵盖同业拆借、国债、企业债、股票及金融期货等细分市场。外汇市场主要进行各种外汇信用工具的交易。黄金市场则是一个为黄金买卖及兑换提供专门服务的交易平台。

3. 利息率

利率，亦称利息率，是衡量资金增长幅度的核心指标，代表了资金增值量与投入本金之间的比例。在资本流动性的层面上，利率可视作资金使用权的交易价格。它主要受到货币资金供需情况以及社会平均利润率的制约，同时还会受到多种风险因素的干扰与影响。

通常情况下，利率由以下几个部分组成：纯利率、通货膨胀补偿率、违约风险附加率、流动性风险附加率及到期风险附加率。这些因素共同决定了利率的水平。

（1）纯利率

纯利率是指在一个没有风险和通货膨胀影响的环境中，社会平均利润率的水平。在通货膨胀不存在的情况下，国库券的利率往往被看作是纯利率的纯粹形式。纯利率的变化通常由平均利润率的高低、资本的供求状况，以及国家宏观调控政策的综合作用所决定。

（2）通货膨胀补偿率

通货膨胀补偿率，亦称为通货膨胀附加率，是指在持续的通货膨胀影响下，货币的实际购买力持续减小。为了弥补这种购买力的损失，利率必须相应地提高。一般来说，人们认为政府发行的短期国库券利率由纯利率和通货膨胀补偿率两部分组成。

（3）违约风险附加率

违约风险附加率，也称作违约风险报酬率，其目的在于补偿债权人所承担的债务人无法如期偿还本金及利息的风险。为此，债权方通常要求提高利率作为风险补偿。公司的信誉评级是评估违约风险的核心指标，高信用等级的公司表明其信誉良好，违约的可能性较小，因而相应的借款利率也较低；而低信用等级的公司面临的违约风险较大，其借款利率也相对较高。一般而言，国债与同期限、同

流动性和其他条件相似的公司债券之间的利率差额，被认为是违约风险附加率的体现。

（4）流动性风险附加率

流动性风险附加率，亦称为流动性风险溢价，是指债权人为了弥补债务人资产流动性不足的风险，而要求的额外利率。资产的流动性反映了其快速转换为现金的能力。如果一个资产可以迅速变为现金，那么它就具备较强的流动性和变现能力，流动性风险相对较低。反之，如果变现能力较弱，则意味着具有较高的流动性风险。通常，由于政府债券和大型公司债券信用良好，变现能力较强，因此容易吸引投资者，拥有较高的流动性，其利率也相对较低。而中小企业发行的债券，由于流动性较差，面临的流动性风险较大，所以利率通常较高。

（5）到期风险附加率

到期风险附加率，通常称作到期风险报酬率，是指债权人为补偿债务偿还期限延长所带来的额外风险而要求提升的利率。这种因到期时间差异产生的风险被称为到期风险。对于任何一笔债务，随着到期日的延长，债权人需承受的不确定性因素增多，导致到期风险逐渐上升。因此，在提供贷款时，债权人会要求更高的到期风险附加率，作为对其承担风险的一种补偿。

违约风险附加率、流动性风险附加率及到期风险附加率三者共同构成了风险补偿率。

（二）宏观经济环境

宏观经济环境涉及企业在进行财务管理时面临的宏观社会和经济背景。这一环境涵盖了诸如经济增长的阶段、国家发展阶段、政府实施的宏观经济策略、通货膨胀的程度等多个方面。同时，市场竞争态势、金融市场的运行情况以及产品市场的具体情况等也是其不可或缺的组成部分。

1. 经济周期

在市场经济体制下，经济增长受到其内在规律的制约。无论人们采取何种调控手段，经济都不可避免地呈现出波动，它沿着从兴旺到衰减，进而陷入低谷，随后恢复生机，最终再次走向繁荣的周期性轨迹循环往复。

经济波动对企业财务管理产生深远影响，其变化周期通常首先反映在企业的销售业绩上。当销售额下降时，可能会导致存货积压，进而影响企业的资金流动性，迫使企业寻求资金以保障日常运营。相反，销售额的增长也可能导致企业经营的不平衡，如存货不足，这时企业同样需要筹集资金来扩大经营规模。尽管政府采取措施试图缓解经济波动，但经济有时过热，有时又需要调整。因此，企业的财务管理必须具备前瞻性，合理地规划和分配资金，以适应生产经营的调整需要。

2. 经济发展水平

通常情况下，企业的财务管理实力与国家的经济繁荣程度紧密相连，一个国家的经济越繁荣，其企业的财务管理能力往往越成熟。自从我国实施改革开放政策以来，国民经济保持了稳定、健康和迅猛的增长态势。这种经济的飞速发展为企业提供了扩大规模、开辟市场，以及加强财务活动的良机。然而，经济的快速增长同时也意味着企业对资金的需求不断上升，可能会出现资金短缺等问题，这对企业的财务管理提出了巨大的挑战。当前，我国经济发展进入新阶段，如何针对特定的经济环境分析企业所面临的外部挑战，积极寻求与经济发展阶段相匹配的财务管理策略，以把握机遇、应对挑战，已经成为我国企业在财务管理过程中亟须思考和解决的核心问题。

3. 通货膨胀

通货膨胀表现为商品价格连续上涨，引起货币购买力下降和价值减少。对消费者来说，这是一种不利的经济现象，然而对企业而言，其财务运营受到的影响更为严重。在通货膨胀加剧时，利率通常会上调，使得企业面临更高的融资成本和筹资难度。此外，通货膨胀可能会让企业账面利润看似增加，但实际上可能是在消耗资本。为了缓解通货膨胀带来的不良影响，企业需采取有效措施进行防范，例如采用套期保值策略、实施紧缩的信用政策、提前购买设备和原材料，以及进行现货和期货交易等。

4. 经济政策

我国宏观经济调控中，经济政策发挥着至关重要的作用。国家制定的各类规划，如经济发展、产业、金融和财税政策，对企业经济活动如筹资、投资、经营和收益分配产生重大影响。例如，国家针对特定区域、行业或经济行为的扶持政策，可以指引企业投资方向和规模，调整其资本结构；同时，价格政策也会对企业资本配置、投资回报及预期收益等产生作用。

所以，企业在开展财务管理工作时，必须全面理解和准确把握国家经济政策的各个层面。由于政府政策会依据经济形势的变化而进行适当地调整，企业在制定财务策略时应保持一定的灵活性以适应这些变动，并且要尽可能地预见政策调整的方向。

5. 市场竞争状况

在市场经济的大舞台上，企业是当之无愧的主角，它们的命运与市场的脉搏紧密相扣。一旦投身市场经济，企业就必须面对竞争这一无法回避的课题。这种竞争不仅仅存在于企业之间，同样也体现在各种产品之间，它跨越了设备、技术、人才、营销和管理等多个层面。市场竞争可以根据其激烈程度和组织结构，大致分为完全竞争、不完全竞争、寡头垄断竞争及完全垄断竞争四种模式。企业所处的市场环境千差万别，这些不同的环境也给企业的财务管理带来了不同的影响。在大多数情况下，企业都在不完全竞争和寡头垄断的市场环境中求生存、谋发展，因此它们需要加大研发投入，提高产品的质量和性能，打造强大的品牌效应，并提供一流的售后服务。在财务管理上，竞争既是推动企业引进先进技术和管理，增强盈利能力的动力，也可能因为过度的竞争导致企业资金链出现问题，面临多重挑战。

第五节　企业财务管理体制

企业财务管理体制是一整套规章制度，旨在明确各个财务级别在企业内部的权力、职责和收益分配。该体制的关键在于财务权限的合理配置，它直接决定着企业财务管理的工作模式和实施架构。

一、企业财务管理体制的一般模式

简要而言，企业财务管理体制主要可分为三大类别。

（一）集权型财务管理体制

集权型财务管理模式是指企业将财务决策权集中在总部，对各分支单位实行统一的管理与控制。在这种模式下，分支单位没有财务决策的独立性，而总部的财务部门则负责制定财务战略，并在需要的时候，直接介入分支单位的决策执行环节。

在集权型财务管理体制中，企业的核心决策权高度集中于总部，各下属单位严格遵照总部的指令执行任务。该体制的一大优势是决策的统一制定与部署，能够充分发挥企业整体管理的效能。总部可以高效利用企业的人才、智力及信息资源，有效降低资金成本和风险损失，确保决策的统一性和规范化。集权型财务管理体制有助于全局资源的优化配置，实行内部调拨价格策略，以及采取税务筹划和汇率风险防控等措施。尽管如此，这种体制的缺陷同样明显：过于集中的权力可能导致下属单位缺乏自主性和创造性，失去活力，同时复杂的决策流程也可能减弱企业对市场的敏感度，导致错失市场机会。

（二）分权型财务管理体制

分权型财务管理体制是指企业将其财务决策权和管理权限完全下放给旗下的各个分支机构，这些分支机构在决策过程中享有较大的独立自主权，仅需向企业总部汇报决策结果，而无须总部进行直接的干预。

在分权型财务管理体制下，企业会将管理权限下放到各个分支机构，使这些机构能够在人力资源、财务规划、物资采购与分配、供应链管理、生产和市场推广等方面自主决策。这种模式的优势在于，各分支机构的管理者能够直接控制对其经营成果有直接影响的关键因素。由于他们身处业务一线，对实际情况有着更为深入的了解，因此能够迅速针对具体问题做出响应，从而促进业务的有效运作。此外，分权体制还有助于分散企业的经营风险，并有利于培养下属单位管理层和财务人员的能力。

然而，这种管理模式也存在一些缺点。首先，分支单位可能会更多地关注自身利益而非整个组织的利益，在进行财务规划时缺乏全局观。这可能导致资金被分散使用，增加整体的资金成本；其次，由于每个分支都有自己的财务决策权，可能造成费用控制不力，影响整体效率；最后，利润分配也可能出现不合理的情况，影响到企业内部的公平性和协作精神。

（三）集权与分权相结合型财务管理体制

集权与分权相结合的财务管理体制，旨在通过在集中控制的大框架下赋予一定程度的自主性来优化企业管理。在这种模式中，企业对重大决策和核心事务保持高度集中的管理方式，确保整体战略方向的一致性和资源的有效配置。

采用融合集权与分权特点的财务管理模式，其核心是为了支撑企业的整体战略规划和经营目标。在此模式下，企业将重大决策权集中在总部，以保障战略方向的一致性和资源的高效配置。与此同时，旗下各分支机构享有较大的自主管理权限，能够针对具体业务情况作出快速反应和决策。这种模式的主要特征体现在以下几方面。

1. 企业需建立一套完整的内部规范体系，该体系应详尽阐述财务管理的权限划分及利润分配的具体流程，以保证旗下所有分支机构严格遵守这些规定。在此框架下，各分支机构可根据自身具体情况，对这些规范进行必要的细化与调整。

2. 在管理过程中，充分利用企业的优势资源，对特定权力进行集中化的管理控制。

3. 在运营管理过程中，关键是充分激活各分支机构的经营动力。各分支机构应紧密遵循企业整体战略规划和经营目标，在维持企业统一制度体系的前提下，拥有独立的决策权限，能够自主制定生产经营策略。为避免协作上的失误并确保责任明确，对于需要企业总部决策的事项，总部应在规定的期限内提供明确的答复。如果总部未能在规定时间内做出回应，分支机构可自主采取相应措施。

结合了集权与分权财务管理模式的优点，并成功规避了它们的缺陷，这种整合型的财务管理机制因此具备了更为突出的优势。

二、集权与分权的选择

企业在财务管理上必须面对分权与集权并存的难题：一方面，财务管理的本质要求分权成为一种不可阻挡的走向；另一方面，为了达成规模经济效益和有效的风险控制，企业又需维持一定程度的集权管理。集权与分权各有利弊，如何在二者之间寻求平衡，以及如何准确掌握分权的度，是企业管理中长久以来需要解决的难题。

集权型财务管理体制能够有效地整合企业资源，确保发展战略的贯彻执行，并为实现经营目标提供强有力的支持。然而，要成功实施这种体制，企业需要具备高素质的管理层以及一个高效、准确的信息传递系统。此外，严格的过程控制对于保持信息质量至关重要。当这些条件得到满足时，集权型财务管理的优势将得以充分发挥。不过，这样的体系也可能带来信息传递和过程控制成本的增加。随着集权程度的加深，虽然财务管理的整体效益可能有所提升，但下属单位的积极性、创新能力及适应市场变化的能力可能会受到限制。

相比之下，分权型财务管理体制通过将决策权下放到更接近市场前线的分支机构或部门，可以减少信息传递的时间，缓解控制难题，并降低相关成本，同时提高信息在决策中的价值和使用效率。但是，分权可能导致各分支过于关注自身利益而偏离企业的整体战略目标，这是分权管理中常见的问题之一。

选择集权还是分权的财务管理方式，实际上反映了企业在考虑外部环境因素及其自身发展战略后所做出的一种灵活调整策略。每种模式都有其适用场景，关键在于根据企业的具体情况和发展阶段来决定最适合的管理模式。

企业总部在制定财务管理体系及其权限层级结构时，应综合考虑预期的市场环境、战略发展规划、企业性质、发展阶段，以及不同阶段战略目标的具体需要，进行合理选择和调整。

企业财务决策权的集中或分散并无一成不变的规则，其具体形态会随着时间推移而变化。在确定财务管理体系中集权与分权的策略时，企业需全面考虑与旗下各单位的资本联系及业务特征。这要求企业权衡集权与分权的成本与收益，并基于旗下单位的业务互动紧密程度来做出选择。对于那些业务联系紧密，尤其是实行纵向一体化战略的企业，它们往往倾向于采用集中式的财务管理模式。相对地，如果旗下单位之间的业务联系较为松散，企业则可能选择分散式财务管理。企业能否成功实行集中式财务管理体制，不仅取决于旗下单位间业务联系的紧密程度，更关键在于企业与各单位之间的资本关系。只有当企业持有旗下单位超过50% 的有表决权股份时，才能通过委派更多董事来有效影响这些单位的财务决策，进而实现财务决策权的相对集中。

实际上，在考虑财务管理体制的集中与分散时，除了受到多种因素的限制外，还必须权衡集权与分权的“成本”与“利益”差异。集权模式下的“成本”主要表现为各所属单位积极性的削弱及财务决策效率的降低；分权模式下的“成本”则主要体现在可能出现各所属单位财务决策目标与企业整体财务目标不一致，以及财务资源利用效率的下降。集权模式下的“利益”在于便于协调企业的财务目标，提升财务资源的利用效率；相对地，分权模式下的“利益”则在于能够提高财务决策的效率，并激发各所属单位的积极性。

在权衡集权与分权的程度时，企业必须综合评估外部环境、组织规模以及管理层的能力等多重因素。企业的管理水平受到管理者素质、管理策略和工具等多方面因素的综合影响，这对财务权限的集中或分散具有决定性作用。拥有较高管理水平的企业能够更加有效地实现财务权限的集中；相反，管理水平较低的企业，若将财务权限过度集中，可能会造成决策效率的下降。

三、企业财务管理体制的设计原则

企业在选择与其需要相匹配的财务管理体系，以及在其发展的不同阶段对财务管理模式进行适时地调整，这对于公司管理来说至关重要。从企业的角度来看，确立或优化其财务管理体制时，应当遵循以下四大基本原则。

（一）与现代企业制度的要求相适应的原则

现代企业制度建立在一个以产权为核心的架构之上，它通过产权纽带，对各个经济实体间的权益、责任及义务进行有序而高效的组合与调整。这一体系突出了“产权清晰、权责明确、政企分开、管理优化”的核心特征。

在构建企业内部关系的过程中，产权结构的设定发挥着至关重要的作用。作为旗下各独立单位的股东，企业基于产权链条享有最终控制权的各项权益，如收益获取、管理层选拔以及重大决策权等。尽管如此，这些独立单位通常并不作为企业的分支或子公司存在，它们拥有自主的经营权限，这是它们承担民事责任的重要保障，同时也要求它们对自身的盈利和亏损负责。企业和这些独立单位之间明确的产权关系确立了双方各自的独立法律地位，这正符合现代企业制度，尤其是现代企业产权制度的基本准则。在西方国家的法律体系中，对于母公司与子公司之间的关系，法律明确提出了保护子公司权益的要求。这种保护机制主要体现在三个方面：

首先，要求母公司董事对子公司承担诚信责任并依法承担相应法律责任；

其次，保障子公司不受母公司的不当指令影响，确保其自主权益不受损害；

最后，赋予子公司向母公司提起诉讼的权力，以维护其自身的合法权益。

在当代企业架构设计中，财务管理体制必须以产权管理作为其核心枢纽，将财务管理作为贯穿始终的主轴，严格遵循财务规范与制度，全方位体现现代企业制度的独有特性，尤其是突出彰显现代产权制度在管理理念上的重要性。

（二）确立企业在对各所属单位进行管理时，遵循决策权、执行权与监督权相互独立的原则

在现代企业追求科学管理的道路上，必须将科学与民主的原则融入决策及管理的各个环节。为此，构筑一个决策权、执行权、监督权彼此独立的三权分立机制显得尤为关键。这一管理思想的精髓在于提高决策的科学性和民主参与度，强化决策执行的果断性和效果评估的精确性，同时保障监督职能的独立性与公正性，以此推动企业进入健康发展的良性循环轨道。

（三）确保财务管理在全方位覆盖的基础上，采用分级别、有序推进管理策略的原则

在现代企业制度框架下，财务管理不再局限于总部或分支机构的财务部门单一职责，而应被视作一项战略性的管理职能。这种管理观念主要体现在以下几个方面：它倡导以全局视角进行财务战略的规划与定位；它强调对财务管理工作进行统一化和规范化处理，确保高层决策能够在各个战略经营单位中得到有效执行；它主张通过制度化手段替代个人管理行为，以维护企业管理的持续性和稳定性；在财务分层管理理念的指导下，它明确划分了股东大会、董事会、管理层、财务经理及财务部门之间的管理职责和架构。

（四）与企业结构相匹配的原则

企业的组织结构主要可以分为 U 型、H 型和 M 型三种形式。U 型组织结构适用于产品单一且规模较小的企业，采用集中管理模式。H 型组织结构类似于企业集团，其中子公司作为独立的法人实体存在，而分公司则作为独立的利润中心运作。然而，随着市场竞争加剧，自 20 世纪 70 年代起，H 型组织结构在大型企业中的主导地位逐渐被 M 型组织结构所取代。

M 型组织结构由三个相互关联的层级组成：

顶层：由董事会和高层管理团队构成的总部，负责制定企业战略和发展方向，并进行跨部门协调。虽然总部不直接介入子单位的日常运营，但它发挥着重要的指导和支持作用。

中层：包括各种职能和服务支持部门，如计划部等。这些部门专注于战略研究与实施，为总部提供经营策略建议及相关政策，并指导各子单位根据整体战略制订具体行动计划。此外，这一层级还统一管理财务活动，涵盖资金筹集、分配以及税务规划等方面。

底层：由各个子单位或事业部构成，它们围绕核心业务开展工作，保持一定自主性的同时又彼此协作。每个子单位内部可视为一个小型的 U 型组织。

M 型组织结构具有高度集权的特点，注重资源的整体优化配置，拥有强大的战略研究和执行能力，以及高效的内部协调机制。这种结构已成为许多大型企业的首选管理模式，其具体实现形式多样，包括事业部制、矩阵制和多维结构等。通过这种方式，企业能够更加灵活地适应复杂的市场环境，有效整合和利用资源。

在 M 型组织结构中，虽然业务运营管理的权限被分散至下层，但财务部门的职能和重要性却得到了进一步的凸显和提升。

实际上，在西方许多控股公司中，当总部不直接干预子公司的日常运营时，财务部门的作用变得尤为关键，主要负责资本运作的指挥和管理。根据相关资料，在英国的一些控股公司中，财务部门的员工数量占到了管理总部总人数的 60% ～ 70%。此外，财务副总裁在这些公司中扮演着核心角色。

财务副总裁不仅作为母子公司之间的“外交部长”，处理对外的财务事务，还担任各子公司的财务总管，统筹和监管整个集团的财务活动。各子公司的财务主管则被视为财务副总裁的代表，他们在当地执行总部的财务政策，并充当“外交部长”的地方代言人，确保财务战略的有效实施和协调一致。

这种组织结构不仅增强了财务控制和资源分配的效率，还使控股公司在面对复杂多变的市场环境时，能够保持灵活高效的财务管理。通过这种方式，控股公司能够在确保整体战略一致性的同时，充分利用各子公司的本地优势和专业知识。

四、融合集权与分权优点的财务管理体制包含的核心要素

在我国企业实践中，采取集权与分权相结合的财务管理体制时，企业总部承担着至关重要的核心职能。其核心任务在于确保制度的统一性、资金的集中管理、信息的整合以及人员的合理委派。具体来说，总部需要集中行使以下权力：制定制度、决定筹资与融资策略、审批投资计划、控制资金使用及担保决策、负责固定资产的采购、设置财务机构以及决定收益分配。同时，为了实现权力的合理分配，总部应将经营自主权、人员管理权、业务定价权和费用开支审批权下放至各个部门。

（一）集中制度制定权

企业总部依照国家相关法律法规，例如《企业会计准则》和《企业财务通则》，并根据公司的具体情况、发展战略和管理要求，建立一套完整的财务管理制度。该制度在全公司范围内得到推广和实施。分支机构仅被授权执行这些规章

制度，无权进行规章的制定和解释。尽管如此，分支机构可以根据自身的特殊需要，草拟具体的实施细则和补充规定。

（二）集中筹资、融资权

企业的资金筹措是其财务运作的起始环节。为了减少内部融资的风险和成本，企业总部应当承担起统一筹资的职责，而旗下的各个分支机构则按照有偿原则来使用这些筹集来的资金。在需要向银行借款的情况下，应由总部统一规划贷款总额，而各分支机构负责完成各自的贷款手续并自行承担利息的支付。在考虑发行短期商业票据时，总部需要依据企业的资金使用情况进行细致规划和考量，并确保在票据到期前有足够的资金用来偿还，以维护企业的良好信誉。若通过海外途径筹集外资，总部应根据国家相关政策的指导进行统一操作，并严格审查贷款合同，注意对汇率和利率波动的监控，以避免潜在的损失。总部还需要对旗下分支机构的现金流状况进行持续监管，通过要求定期提交“现金流量表”来动态掌握其现金流动和资金存量，分析资金使用是否合理。当发现某些分支机构的资金过剩而其他单位资金紧张时，总部可以实施资金调动，并对此支付相应的利息。此外，企业内部严禁分支机构之间相互借贷，若临时需要资金拆借且超过规定金额，必须向总部申请并获得批准。

（三）集中投资权

企业在对外投资时，必须恪守效益、风险分散、安全、整体和合理等核心原则。无论是企业总部还是其下属的各个分支，进行外部投资都需完成项目立项、可行性研究、论证评估以及决策等步骤。在这一流程中，除了依赖专业人士的知识外，财务人员的参与同样重要。财务人员需要与团队成员紧密配合，通过深入的市场研究和调察，进行可行性分析，预测未来几年市场的发展趋势及潜在风险的概率。他们还需对项目的建设时长、投资回收期和收益率等进行预估，并编制可行性研究报告，以供上级领导审批。

为了提高投资效益并实现风险的有效分散与降低，企业可以建立内部投资限额管理制度。对于超过限额的投资决策，企业总部应负责行使最终决策权。在投资项目获得审批后，财务部门需协同相关部门对项目进行全程监控，一旦发现实际执行与可行性研究报告中存在差异，应及时向有关部门汇报并采取相应措施予以纠正。若投资项目收益未达标，应迅速采取措施解决问题，并对相关责任人进行责任追究。同时，企业应根据自身实际情况，制定一套切实有效的财务绩效考核指标体系，以防范潜在的财务风险。

（四）集中用资、担保权

企业总部必须加强对资金使用安全的监管力度，对大额资金的调配进行严格监控，同时建立和完善审批流程，以确保执行的坚定性。这是因为子公司的财务健康直接关系到企业资本的价值保持和增长。一旦子公司的资金流动出现问题，可能会削弱其盈利能力，从而影响整个企业的投资收益率。因此，子公司在经营活动中使用的资金需与经营规划保持一致；而在资本性支出方面，子公司应严格遵循企业所设定的审批流程进行资金支付。

企业规章明确指出，对外担保的权限仅限于企业总部。未经总部明确审批，旗下各分支机构不得擅自对外企业提供担保服务。即便是分支机构之间相互进行担保，也必须事先获得总部的同意。当企业总部为旗下分支机构提供担保时，必须遵循一套严格的审批程序。分支机构可以与银行签署贷款合同，而总部则承担担保责任。此外，分支机构需向总部提供“反担保”，以保障资金合理运用并及时偿还贷款，从而实现对贷款的有效监管。

企业需建立严谨的规章制度来管理逾期未收回的货款问题。针对这些逾期款项，应安排专职人员负责，确保行动一致，主动进行追收工作。同时，应明确责任到人，将责任追溯至具体经手和审批的人员，确保他们承担回收相应货款的责任。

（五）集中固定资产购置权

下属单位在采购固定资产前，需详尽说明购买缘由，并将申请提交至公司总部以待审批。未获批准之前，不得进行购置行为。此外，各下属单位绝不可私自动用资金进行任何资本性开支。

（六）集中财务机构设置权

企业各分支机构财务部门的设立需经过总部审核同意，财务人员的选拔招聘由总部统一规划和执行，同时，财务负责人及财务主管的职位任命亦由总部直接指派。

（七）集中收益分配权

企业需建立统一的利润分配体系，保障旗下各级单位能够公正、准确、及时地展现其财务状况和经营成果。各单位的利润分配须严格依照法律法规的明文要求执行；对于法律未做具体规定的情况，企业总部将本着兼顾长远发展和当前利益的原则，制定留存与分配的具体比例。各下属单位保留的利润通常可自行安排运用，但仍需向总部报备并接受审核。

（八）分散经营自主权

各职能部门的主管肩负着引导公司日常业务运作管理的重任，他们负责执行年度业务发展计划，拟定生产和销售策略。这些负责人需要对市场状况进行细致研究，密切关注行业内其他企业的运营动态和战略调整。同时，他们需按照既定的时间节点，向公司总部提交生产和管理的相关报告。在遭遇突发紧急情况时，他们应立即向公司总部报告情况。

（九）分散人员管理权

各下属单位的主管人员拥有对管理人员进行任命和免职的权限，并且有权决定员工的雇用与解雇。通常情况下，企业总部不应过度干涉这些决策。但是，针对财务主管人员的任命和解雇，必须上报至企业总部进行审核，或者由企业总部直接进行指派。

（十）分散业务定价权

各所属单位因其业务特色各异，故应将业务定价权下放到各单位的经营部门，由其自主决策。但在此过程中，必须严格遵循加快资金流转、保障经营质量以及增强经济效益的基本准则。

（十一）分散费用开支审批权

在企业的日常运营中，各下属单位不可避免地会产生各类经营费用。企业总部无须对这些费用实行统一管理，各下属单位在遵守财务制度的基础上，其负责人可以自行审批那些合理且必要的用于企业运营和管理的费用支出。

第六节　企业财务管理价值观

回顾科学发展的历程，我们不难发现，每一次科学理论的突破都得益于正确的哲学指导。财务管理学的发展同样遵循这一规律。借助哲学的思考方法和技巧，深入剖析财务管理理论和实践中的问题，我们能够更深刻地掌握企业财务管理的基本法则。这为财务管理者在执行财务管理任务时提供了科学的世界观和方法论，促进了财务管理学的哲学层面提升，并逐步形成了财务管理哲学的体系。随着企业传统财务管理理念的更新，迫切需要补充新的管理模式。在这一体系中，财务管理价值观占据着核心地位。价值观的正确与否直接影响财务管理的成效。因此，探索如何将正确的财务管理价值观融入我国企业的日常运作，引导企业走向健康发展之路，构建基于价值观的管理模式，以及作为企业高层管理者之一的财务主管如何更新观念，积极应对机遇与挑战，这些都将构成未来财务管理研究的核心议题。

一、财务管理价值观的内涵及外延

（一）财务管理价值观的内涵及其在财务管理实践中扮演的关键角色

财务管理价值观反映了人们对财务活动中关键因素和重要事项的理解、评价与抉择，它体现在人们在理财行为中的立场、信念和追求。财务管理价值观是一种以价值创造和管理为核心的理念，渗透于整个财务管理流程，并结合了价值观念与管理哲学的多个层面。这一理念体现了组织成员对于财务管理实践的认知、态度和处理问题的策略。从本质上说，它属于人的意识形态领域，即个人的价值观。财务管理价值观为财务管理的未来发展指明了方向，塑造了财务管理者独树一帜的个性，赋予了其特有的风貌。它规范了人们的理财行为，平衡了各种财务关系和活动。当一个组织建立起卓越的财务管理价值观，员工便能体会到工作的价值和生活的意义，拥有了精神支柱和明确的奋斗方向。

（二）企业精神、企业价值观及财务管理价值观

企业精神是在特定的社会经济背景下，企业在长期运营和发展过程中逐渐形成，并被全体员工广泛接受和遵循的一系列价值观、职业道德、行为规范及准则的集合。它不仅反映了个人的价值观念，也是企业制度和经营策略在员工思想层面的具体体现，从内在角度对员工进行约束和激励。

作为企业文化的核心组成部分，企业价值观主要关注人的思想领域，体现了企业的基本信念和追求。财务管理价值观则是个人价值理念在财务管理活动中的具体体现，涵盖了人们在财务决策和管理中共同认同的观念、价值取向及行为表现。

尽管企业精神、企业价值观和财务管理价值观之间存在密切联系，但它们各自具有不同的特点。企业文化是整体性的，涵盖了企业的各个方面；企业价值观则更侧重于指导员工的行为和决策；而财务管理价值观则专注于财务管理和决策过程中的道德和行为标准。这三者相互作用，共同塑造了企业的整体形象和内部氛围。

企业精神的核心要素之一是企业文化和制度建设，这两者共同筑起了企业发展战略的基石。这一构建过程融入了企业的管理体系与日常操作流程中，涵盖了一系列成文的规则与默许的步骤。在财务管理方面，其价值观念的实现并非仅仅依赖于制度或管理层的权威强制，更在于其能够深入员工的内心，体现在他们的职业操守、行为习惯以及工作风格上。财务管理的真正价值在于通过员工自律的高标准和严密性来得以实现。

除此之外，企业价值观对整个组织的各个层面都产生深远影响，而财务管理价值观则主要针对与财务管理相关的行为和决策范畴。

（三）财务管理价值观决定财务管理目标

财务管理的核心价值观是确立财务管理目标的重要基础。随着时间的推移，决策者内心深处会逐渐形成一种特有的思维模式。当这种模式得到价值引导或正面激励时，它将逐步转化为一种稳定的行动方式。这种方式进而影响决策者的潜意识，促成一个自我加强的循环。在这个循环过程中，个人的认知偏好和主观思维逐渐定型，最终铸就了一种坚定的价值观。随着价值观的逐步形成，决策者会依据经济环境的变化与发展，逐渐明确企业理财活动所需追求的效果，并制定评价企业理财行为的核心准则，也就是确立了企业财务管理的目标。

不同的价值观决定了不同的财务管理目标。随着政治和经济环境的变化，财务管理的目标也在不断演变。人们的价值观变化导致了对财务管理目标认识的深化。

如今，随着现代企业制度的推进，财务管理的目标已经转变为实现企业价值最大化。投资者建立企业的主要目的是创造尽可能多的财富，这种财富不仅体现在企业利润上，还体现在企业资产的市场价值上。企业价值是指企业在市场上能够创造的预期未来现金流的现值，反映了企业的潜在获利能力和发展潜力。

企业价值最大化的财务管理目标，是在平衡相关利益方的基础上，实现所有者或股东利益的最大化。这一目标的核心思想是在确保企业长期稳定发展的前提下，通过增加企业价值来满足以股东为首的各利益群体的需要。这样不仅有助于提升企业的市场竞争力，还能促进社会经济的可持续发展。

二、财务管理价值观的创新

企业财务管理价值观的创新，受到外部环境变化和企业成长周期的双重驱动。从外部环境视角来看，知识经济时代的降临、科技进步的驱动以及企业管理创新的内在要求，共同推动了企业财务管理价值观的根本性变革。而从企业生命周期视角来看，企业要素的周期波动、成长阶段的转变以及市场竞争的周期性变化，都催生了新的财务管理价值观和方法。总体而言，企业财务管理价值观的创新是多因素交互作用、融合发展的结果。

（一）顾客价值

顾客价值的实现，在于其获得的收益与其所付出代价之间的均衡。从财务管理的角度来看，这要求系统综合考虑顾客所获收益和所付出的相关信息。通常，获取关于顾客付出的数据需要涉及公司外部的信息搜集工作。换句话说，财务管理的核心目标已经转变，从单纯的产品提供转向为顾客价值的创造，这体现了现代财务管理与传统方法之间的显著差异。创造顾客价值包括两个维度：一方面是体现在无形资产上的价值，如公司的商誉、顾客对公司的信任感及其可靠性认知；另一方面是实际的价值创造，即通过降低顾客的成本和增加其收益，从而使顾客获得更多实际利益。因此，企业家应将注意力从市场份额的争夺转向提升公司价值，专注于增加顾客价值。

（二）价值链

价值链反映了企业在产品设计、生产、销售及客户服务各个环节中创造的价值累积。这一理念将客户置于核心位置，强调企业管理层要深入探究价值链每个环节的价值内涵。在当代财务管理框架中，追踪价值链各环节的信息变得格外重要，同时，开发出能够体现客户满意度的财务和非财务指标也成为一项重要任务。虽然传统的价值链分析常常使用定性方法，但近年来，定量分析的利润库方法逐渐受到关注。该方法使管理者得以从整个行业的价值链视角出发，评估企业在其中的地位及其所占的利润份额。管理者可以通过分析利润分布来发现行业中的高盈利环节，预测行业利润库的未来走向，从而重新定位企业在市场中的位置和发展方向，并根据企业的实际能力制定合适的发展策略。在财务管理领域，利润库观念有助于企业理解行业内利润分布的现状，预测利润库的变动趋势，并且分析其他行业，寻求新的发展机遇。

（三）核心能力

企业的核心竞争力是其持续保持竞争优势的基础，它汇集了企业的技术专长与资产运行机制，体现了企业的自主发展实力。在财务管理范畴内，核心价值观强调企业不应仅停留在追求运营效率的传统发展思路，而应致力于打造具有竞争优势的核心能力，即竞争策略。竞争策略的本质是经过深思熟虑，选择一系列互为补充且独具特色的竞争行动。这些行动的恰当配合和相互作用构成了策略的竞争优势，形成了一个难以被模仿者突破的“链条”，这正是企业核心竞争力在财务管理中的具体体现。制定企业竞争策略的关键在于综合考量客户需要、资源等多重因素，并进行合理的系统选择与企业经营活动的规划。因此，策略选择能力也成为财务管理中一个至关重要的价值观。

（四）价值资源规划

随着互联网经济的迅猛发展，企业资源规划在财务领域的核心地位愈发显著。所谓的“价值资源规划”涉及四个主要方面：焕发企业活力、优化组织结构、确立战略发展方向及催生新动力。在中国，企业的价值资源规划应满足一系列要求：优化企业管理体系，提高财务功能，强化财务会计的自主增长能力，增强企业面对风险的能力，以及提升企业的盈利性、偿债能力、运营效率和发展潜力。具体而言，财务管理的价值资源规划着重于以下两个层面：首先是会计组织结构和制度的创新，包括企业流程的改进、会计职位的重新界定、财务人员价值的认可，以及国家和企业之间的制度构建；其次是财会机制的创新，包括融资、投资和利润分配等机制的改进。为了配合这一新的会计管理机制，企业需要在资金管理上构建一套促进资本快速流动、优化资本构成、实现资本持续增值的财务绩效评估体系，推动现代企业管理向科学化方向发展。目前，企业资源规划（ERP）已经成为财务管理中价值资源规划的一个热门话题。ERP 系统的关键优势在于其对客户需求快速响应的能力。系统运作的基础逻辑包括：首先，对市场需求进行预测；其次，依据预测结果来拟定生产计划；最后，高效地调配资源，以最小化成本实现最大的运营效率。ERP 系统不仅负责预算的制定，还能即时汇总日常运营数据，让管理者实时了解企业运营情况，进而通过策略制定增强企业的竞争力。对于跨国企业而言，若要达到对企业信息实时监控的目的，ERP 系统无疑是最佳的全景式解决策略。

三、构建创新的财务管理理念，增强企业的价值创造力

在这个经济高速发展的 21 世纪，我们面临着新的机遇与挑战。为了跟上时代的步伐，我们必须不断地充实和更新自己的知识体系。只有建立起与不断变化的财务管理环境相适应的财务管理理念，我们才能应对新时代的发展要求，抓住时代所带来的宝贵机遇。

（一）竞争观念

在现代企业的发展征途上，竞争不仅为企业注入了生机与活力，同样也为财务管理领域带来了新的发展机遇与活力，同时伴随着一系列挑战与风险。财务管理者，尤其是财务负责人，必须具备敏锐的竞争意识，遵循“适者生存”的自然法则。随着市场经济在新世纪的不断深化，市场供需的波动以及价格的不稳定性对企业形成了不小的冲击。为此，财务管理者必须提前准备，加强在资金筹措、运用、运作及收益分配等环节的决策力。同时，他们还需在竞争中增强企业适应和缓解冲击的能力，以逐步提升企业的核心竞争力，确保其在激烈的市场竞争中能够站稳脚跟，并在竞争中寻求突破与领先。

（二）资金时间价值观念

随着时间推移，资金的价值会发生改变，同一笔资金处于不同时间点，其价值是不同的，这便是资金的时间价值。为了充分利用有限的资金，实现资金配置的最佳效果，并保证对投资项目经济效益的评估是全面、客观且具有可比性的，

财务负责人需要对资金时间价值给予足够的重视。只有对各个方案进行深入分析和比较，我们才能做出更加合理的决策。

（三）风险与收益均衡观念

企业在追求收益的同时，必须注重风险的控制，确保风险水平不超过所能获得的收益承受度。在收益不变的前提下，企业应力求降低风险至最小化。这要求企业能够精准评估和分析企业内部及外部的运营环境，理解并掌握资本市场的运作规律，恰当处理资本成本与财务风险之间的平衡，以及风险投资与回报的匹配。企业需要合理安排自有资本与借入资本的比例，寻求两者的最优组合。此外，企业应善于运用经营杠杆和财务杠杆的作用，建立健全的风险管理体系，有效实施风险的管控、回避和利用，保障资本价值的持续增长。在进行资金筹集、项目投资和日常运营过程中，企业应全面发现和评估各类风险及其对盈利的影响，并采取相应措施确保风险得到有效管理。

（四）信息理财观念

在当前的市场经济体系中，信息的快速、精准和全面性是引导各类经济行为的核心要素，信息本身已经变成了市场经济运行的关键媒介。随着知识经济时代的到来，以数字化技术为先导，以信息高速公路为基础设施的新信息技术革命，极大地加快了信息的传播、处理和反馈速度。这促使交易决策能够在瞬间做出，经济活动的空间范围也因此缩小，催生了“媒体空间”和“网络实体”等新型概念。在这种情况下，企业财务管理人员在知识经济时代必须树立强烈的信息理财观念，基于全面、准确、快速的信息收集、分析和应用，以指导财务决策和资金管理。

在企业构建完善的财务管理体系过程中，财务管理价值观具有极其重要的地位。对这一价值观的深度探讨，不仅为企业的财务管理理论提供了坚实的基础，促进了财务管理思维的创新，还助力了我国企业实务操作的进步。然而，随着现代经济的高速发展，传统的财务管理价值观正面临巨大挑战。如何使财务管理价值观更好地指导我国企业走向健康、快速且持久的发展道路，将是未来财务管理研究领域的重要研究方向。

第七节　现代企业财务管理的发展与创新

当今中国，随着经济的飞速增长和时代的不断进步，众多企业的规模和数量不断壮大，彰显出旺盛的生命力。在这一发展过程中，企业财务管理模式的创新显得至关重要。为了保障企业运行的稳健和经济效益的提升，财务管理所扮演的

核心角色不可或缺。因此，为了跟上时代的步伐，现代企业亟须在财务管理方面进行创新。财务管理的创新显得尤为重要，一旦得以有效落实，不仅能为企业带来一系列积极影响，还能显著促进企业的全面进步。本书旨在探讨现代企业财务管理创新的相关议题，希望为企业的持续发展提供借鉴与参考。

一、企业财务管理创新的内涵

企业财务管理创新是对传统财务管理模式的一种颠覆性改革，它实现了从数量的积累到质的飞跃，为企业的财务管理拓展了新的发展方向。随着外部环境和内部条件的变化，传统的财务管理模式已经不能满足现代企业发展的需要，财务管理创新变得尤为紧迫。这种创新手段不仅效率高且实用，而且为企业带来了前所未有的新策略，宛如注入新鲜血液，有助于解决企业财务管理中的难题，进而促进企业的整体进步和经济效益的提升。任何对企业财务管理目标的调整都将促进管理方式的创新，以应对不断变化的新局面。在全球化趋势下，我国企业迎来了空前的机遇和挑战，企业的发展与财务管理创新密不可分。显然，陈旧的财务管理模式已不符合新的发展需要，如果企业不能迅速适应并创新，将难以实现重大突破，甚至可能面临破产的风险。

随着我国告别计划经济体制，传统的企业财务管理模式亦逐步暴露出其不合时宜的一面。在社会主义市场经济背景下，企业迫切需要探索与之相匹配的现代化财务管理新模式。这无疑对财务管理领域的创新提出了新的要求。在创新的道路上，企业财务管理的竞争不仅蕴含着巨大的潜力，更是对竞争机制的一种深化。企业需要对财务管理的各个环节进行创新性地整合与改革，与生产、技术和管理理念等关键因素紧密结合，推动传统财务管理机制的自然更新。在这个过程中，创新能力较弱的企业可能会被淘汰，它们的生产要素将被那些在财务管理上更具创新能力的企业所吸收。在优势企业的重新配置下，这些要素将有效推动企业的资本优化和结构升级。

二、企业财务管理创新的原因

（一）企业的财务管理创新是适应社会经济发展需要的必然选择

在我国经济和社会快速进步的大背景下，人民群众对于物质和精神生活的需求日益增长。这一趋势促使企业的财务管理理念亟须更新，以适应新的社会发展需要。传统的财务管理方法已不再适应现代企业的发展需要。为了维持企业的生机与市场竞争力，企业需与时俱进，大胆创新其财务管理模式。如果企业仍旧停留在陈旧的管理理念中，不仅会阻碍其进步，甚至可能面临在时代变迁中被淘汰的风险。

（二）推动社会主义市场经济的发展，企业管理的创新至关重要

在当前阶段，我国的发展需要更加契合社会主义市场经济体制，这相比过去较为僵化的计划经济模式更具适应性。社会主义市场经济体制以其突出的灵活性，紧跟时代发展节奏。随着经济体制的这一转变，企业需对自身的管理模式，特别是财务管理模式进行相应调整，以实现与新型经济体制的同步发展，这对于企业的长期发展和经济效率的提高是至关重要的。

（三）科技创新与管理创新正在催生企业财务管理模式的变革

在今后的市场竞争中，要想保持领先地位，企业务必同步巩固科技和管理这两个核心支柱。企业的竞争不单是科技实力的对抗，管理智慧同样至关重要。在新工业革命的推动和产品创新步伐加快的背景下，企业正是利用这些技术突破来增强经济效益。同时，传统的管理模式正慢慢变得不再适用，而新的管理观念正在逐步建立。在这一演变中，财务管理模式的创新尤为重要，它必须与企业的技术提升和管理创新同步进行，否则有可能阻碍企业的整体进步。因此，财务管理的创新需要和企业科技发展以及管理变革步调一致，构建适应企业发展需要的新型财务管理结构，推动企业向更高层次发展迈进。

（四）企业组织结构也趋向复杂

促使企业必须在财务管理方面不断进行创新与改革。在当今这个瞬息万变的时代，企业在经营活动中不可避免地会面临环境变化所带来的诸多挑战。尽管对企业来说，制定稳定的发展蓝图极为重要，但我们同样需要认识到，变化的速度常常让计划难以跟上时代的步伐。在这个充满不确定性的商业环境中，企业增强适应变化的能力显得尤为关键，而这种能力的提升在很大程度上依赖于企业财务管理创新的深度。财务管理作为企业运营的核心环节，在众多要素中占据着至关重要的位置。只有那些勇于创新的财务管理，才能够使企业更加从容地应对内外部的多重挑战，从而步入一条健康而稳定的发展轨道。

三、企业财务管理创新的原则

（一）实用性原则

企业在探索财务管理创新之路上，需紧密结合自身实际情况，制定既切实可行又便于操作的目标。在追求财务管理创新的过程中，企业必须确保所采纳的措施既具备前瞻性，又切实可行，并且要深入剖析这些新措施可能对现有财务管理带来的影响。以下是在创新财务管理时，企业需重点关注的核心要点：

第一，企业在全面推行新的财务管理策略前，建议先进行小规模的试点项

目。这有助于检验新策略的实际效果，若试点成功，再逐步扩大实施范围；若试点未能达到预期，应及时对策略进行调整或完善。

第二，财务管理创新应注重实际操作，而非仅仅停留在理论层面。一个真正有价值的财务创新方案，必须在实践中经受考验，体现出其真正的效益。因此，在策划新的财务管理策略时，应着重考虑如何将这些理念转化为具体可行的操作步骤。

第三，鉴于市场环境的瞬息万变，企业不应固守传统的财务管理模式。为了保持竞争优势和实现可持续发展，企业需要构建一个既灵活又能应对未来挑战的财务管理体系。这要求企业勇于突破传统思维，大胆采用新的财务管理工具和技术。

第四，在财务管理创新方面，重要的是认识到变革不仅限于大型项目。实际上，无论项目规模大小，每一次成功的创新都能提升企业的核心竞争力。因此，在推进财务管理创新时，除了关注大型改革项目，也不应忽视小规模改进的潜在价值。

通过这种全面细致的举措，企业能够有效积累经验和资源，为长远发展奠定坚实基础。

（二）时刻保持警惕，“轻装上阵”

企业的长远发展离不开持续的警觉意识，这种意识是驱动创新不断涌现的主要力量。就像那些在资金短缺困境中，凭借创新而逆境求生的企业，正是由于他们拥有了背水一战的决心。因此，企业需要保持持久的警觉和适度的紧张感，这能够激发创新的热情。在追求创新的道路上，企业应避免背负过多的负担，轻装上阵通常更有助于取得成功。如果企业同时进行多项复杂且琐碎的项目，将会极大增加企业压力，这样反而可能影响企业财务管理创新的进程。

（三）广泛积极参与的原则

企业财务管理创新并不局限于财务部门的职能范围，而是关乎企业的整体发展和每位员工的利益。没有全员的齐心参与，财务管理的创新就会遇到阻碍。全员参与能够加强各部门员工之间的深度交流和合作，这不仅能有效激发创新动力，同时也为后续工作提供了坚实的基础。只有当广大员工积极参与并保持高昂的热情时，企业财务管理的创新才能得到高效落实。所有部门和员工都应当积极地投入这一过程中，从观念上充分认识财务管理创新的重要性，打破旧有的思维模式，并且对于那些为财务管理创新作出积极贡献的个人给予奖励，以此激发更广泛的参与激情。

四、企业财务管理创新存在的问题

（一）没有健全相关的财务管理创新制度

在企业财务管理实践中，创新机制尚处于发展阶段。一些企业在追求经济效益的过程中，部分管理层过分依赖财务数据，忽略了对完善财务管理体系的构建，这无疑增加了财务管理创新的复杂性。另外，尽管企业制订了相应的财务管理计划，但在具体执行过程中，往往不能严格遵循，执行态度较为懈怠，使得财务管理部门难以准确把握工作情况，无法了解企业真实的财务状况。同时，由于缺乏有效的监督和惩戒机制，一旦财务核算出现失误，却未能采取严厉的惩戒措施，这种宽容态度可能导致侥幸心理的产生，不仅对财务管理产生负面影响，也严重制约了财务管理创新的进程。

（二）企业财务管理创新缺少明确的目标

在当前经济迅猛发展的新时代，众多公司逐渐认识到创新，特别是财务管理创新对于适应新环境的重要性。然而，目前对于创新的具体策略和目标还存在指导上的不足，这使得企业在财务管理创新的道路上缺乏足够的推动力。由于缺少明确的目标指引，不少企业即便在投入了大量的人力和财力资源后，也未能取得显著的成效。缺乏明确目标的企业在发展过程中难以实现本质性的突破，其创新路上的努力也可能因此付诸东流。

（三）企业财务管理人员创新能力不足

企业的兴衰与否，在很大程度上取决于团队人才的素质，尤其是领导者的才干。优秀的领导者能够引领企业稳健前进，创造更多的经济效益；而不当的决策则有可能会使企业陷入困境，甚至濒临破产。因此，企业的决策者必须具备敏锐的市场洞察力，以便制定出与时代发展同步的正确战略。同时，企业财务管理模式的创新也依靠员工的创新思维，尤其是财务管理部门领导者的创新能力。然而，现阶段许多企业依然固守传统模式，管理层对新形势的适应度不高，缺乏创新尝试的意愿，这对企业的持续发展极为不利。

五、企业财务管理创新的方法举措

（一）形成有利于企业财务管理创新的环境

员工的工作效率与工作环境紧密相连，一个正面、积极的工作氛围能够极大地激发员工的工作热情。在一个提倡创新精神的环境中，员工的思想更加活跃，更愿意去尝试和创造。因此，营造一个充满创新精神的工作环境显得格外重要。

反之，如果工作环境压抑、消极，大家过于谨慎、守旧，这将对工作进展产生极为不利的影响。人们往往习惯于维持现状，这种守旧思想成为财务管理创新的主要障碍。企业要想推进财务管理创新，就需要营造一个全新的环境，培育一种鼓励创新的文化，这样才能使员工充分施展才能，有效提升财务管理创新的效率。

（二）为企业财务管理创新制定明确的定量目标

确立目标是导航行动的舵手，制定目标时应立足现实，紧密联系企业的具体情况。目标既定，就要对业绩成果进行客观评估，这有助于员工明确自身职责，全情投入工作。对于那些达到评估标准的员工，应予以嘉奖；对于未能达标者，不宜过分苛责，而应给予鼓励，适时的激励能够助力他们不断进步与成长。

（三）提高企业财务管理人员的创新能力

在当今快速变化的市场背景下，企业要保持其竞争力，就必须不断注入创新的活力，其中财务管理部门的工作人员是推动这种创新的关键因素。为此，企业需要定期组织财务人员进行专业培训和学习，更新他们的思维模式，使之与市场的变化和时代的发展同步。创新思维是激发企业增长动力的源泉，也是推动企业深入创新工作的核心动力。首先，企业应着重提高财务人员的创新能力与实际操作能力。其次，激发他们对问题探索的热情，因为兴趣是提高工作效率和成果质量的加速器。最后，培养他们的敏捷反应和紧急处理能力至关重要，因为面对市场的不断变化，财务人员需要具备灵活变通的素质，防止陷入固化的思维模式。

六、财务管理观念的创新

首先，企业需要树立正确的融资理念。在传统的财务管理方式中，很多企业倾向于主要依靠自有资金支持日常运营和业务扩展。但在当今的市场环境中，企业的竞争力越来越依赖于其资本的有效运作、发展与扩大能力。因此，企业应该转变财务管理策略，将重点放在通过外部融资来优化资本结构上，以更好地适应知识经济的发展需要。

其次，以人为本的管理思想是企业成功的关键。员工是公司运行的核心力量，他们的智慧和努力直接关系到所有商业活动的成功与否。为此，企业的财务管理应当致力于创建一个有效的激励与约束机制，确保权利、责任和利益三者之间达到平衡，以此激发员工的最大潜能和创新能力。

再者，企业还需要培养信息理财的意识。在现代市场经济体系中，准确、及时且高质量的信息对于指导各类经济决策至关重要。随着信息技术的进步，信息的获取、处理及反馈速度得到了极大提升，使得财务决策能够更加快速而精准地做出。因此，财务管理人员必须认识到利用先进信息技术进行高效财务管理的重要性，从而提高决策的质量和效率。

最后，增强风险理财的意识对企业来说同样不可或缺。随着信息流通加速以及知识更新周期缩短，企业面临的风险也在不断增加。这就要求财务团队更加重视风险管理，全面评估潜在的各种不确定性因素，并采取多样化的风险管理措施，力求将可能造成的损失降到最低。通过上述这些综合性策略的应用，企业能够在复杂多变的商业环境中保持稳定增长并实现可持续发展。

七、财务管理目标的创新

在当今学术界，普遍认为现代企业财务管理的核心目标是实现股东财富的最大化，这比传统的“利润最大化”理念更进一步。然而，随着市场经济的快速发展，这一目标已不再完全适用于以物质资本为主导的传统工业经济时代。在新的经济环境下，企业财务管理需要更加广泛地考虑除股东之外的其他利益相关者及社会公众的利益。

随着经济水平的不断提升，资本的定义和构成也发生了变化。在新经济形态中，物质资本的重要性相对减弱，而知识资本的作用日益增强。这意味着企业的财务管理目标不应仅仅局限于增加股东价值，更应扩展至涵盖所有利益相关者，包括股东、债权人、员工、客户等。这些群体通过不同形式为企业贡献了必要的资源和支持，因此理应参与到企业剩余价值的分配中来。

基于这样的背景，本书提出了一种新的观点：企业的利益应当被视为所有参与者（不仅限于上述提到的利益相关者）的共同利益。此外，企业财务管理还应该承担相应的社会责任，例如保护公共利益、维护生态平衡、防止环境污染及支持社区发展等。履行这些社会责任不仅能帮助企业实现其经营目标，还能树立良好的企业形象。总之，在新时代背景下，财务管理不仅要追求经济效益，还需要兼顾广泛的社会效益，这样才能确保企业的长期可持续发展。

八、财务管理模式的创新

随着科技的迅速进步和互联网的广泛应用，传统的财务管理模式已经难以满足市场经济快速发展的需要。财务管理正逐步向网络化转型，而网络财务所带来的诸多优势也日益显著，例如计算机软件与财务核算管理的高度集成。

在网络财务管理的支持下，地理距离不再是管理上的障碍。财务人员可以远程处理账务，实现资金流和物流的在线审批，并且能够通过网络远程传送会计报表。所有这些操作都可以通过在线财务指令高效完成。此外，财务人员还可以实时获取最新的财税法规信息，及时掌握财务领域的最新动态。

网络财务的推广和应用极大地扩展了财务管理的范围和能力，减少了空间限

制，显著提高了财务人员的工作效率，同时也增强了企业的市场竞争力。这种转型不仅使财务管理更加灵活便捷，还为企业带来了更高的透明度和响应速度，有助于企业在激烈的市场竞争中保持领先地位。

九、财务管理方法的创新

在当前市场经济迅猛发展的态势下，企业在资本运作中遭遇的风险挑战层出不穷。这些风险主要反映在以下几个层面：

首先，知识资产的创新与开发充满不确定性，从而放大了投资与开发的风险。

其次，企业内部财务结构的复杂化，加之金融市场的波动不定，使得财务风险管理变得更加棘手。比如，人力资本的特殊使用周期以及知识资产不同的摊销策略，都可能对企业资本结构的稳定性构成威胁。另外，技术资本可能面临的泄漏、流失、替代或保护期过期等问题，同样会给企业带来潜在的经济损失。

最后，作为知识资本核心的企业声誉和经营关系的变动，也使得名誉风险不断增加。面对这些挑战，企业必须依托现代管理理念，强化风险管理，确立明确的风险管理目标，并构建一套全面的风险评估、分析、报告及监控体系。

这样，企业才能制定并执行有效的风险管理策略，合理规避各种潜在风险，确保在风云变幻的市场竞争中能够稳健前行。

十、财务管理内容的创新

在现代企业架构下，资本的管理权通常划分为出资者与管理者两部分，二者各自承担相应职责。鉴于二者在管理目标上存在差异，企业必须探索新的管理模式，以调和这种差异性。

（一）筹资管理

在传统的企业财务管理实践中，筹集财务资本一直是核心任务。但随着知识经济的兴起，企业资本的概念已不再局限于财务领域。现代财务管理不仅需要关注资金筹集，还需重视“知识筹集”，这涉及如何通过多样化的途径和方法获取知识资本，如何有效降低获取知识资本的成本，以及如何实现财务资本与知识资本的最佳配置与融合。

（二）投资管理

随着知识经济的崛起，企业财务管理的重点需要从传统的有形资产转向无形资产和人力资本。为了适应这一转变，企业必须重视知识资本的有效利用，这包括对无形资产创造价值的合理评估以及对人力资源投资回报的精确计算。

此外，加强风险投资管理也变得尤为重要。在知识经济时代，以高新技术为核心的风险投资在企业资金配置中的地位日益突出。由于高新技术产业具有较高的不确定性，风险投资及其管理在财务管理中的作用愈发重要。因此，企业需要深入分析投资项目的可行性，并建立健全无形资产的价值补偿机制，从而有效地控制投资风险。

通过这些措施，企业不仅能够更好地应对知识经济带来的挑战，还能在激烈的市场竞争中抓住机遇，实现可持续发展。

（三）成本管理

首先，随着规模个性化生产的兴起，成本管理的重点已经从生产制造成本逐渐转向产品研发成本。企业需要优化资源配置，高效地将知识转化为创新策略、构思，并进一步发展成新颖的设计、工艺和产品。

其次，成本控制的管理方式也在发生变化，从传统的制造成本管理转向更加精细化的作业成本管理。企业应积极采用信息反馈系统、自动化作业流程、灵活生产和网络化经营等先进技术，在满足消费者个性化需要的同时，最大限度地降低成本，提高盈利能力。

通过这些方法，企业不仅能够更好地适应市场变化，还能在激烈的竞争中保持优势。

十一、财务资金管理创新

企业的迅猛增长离不开创新驱动，这既包含了技术的突破，也涉及生产模式的改进。在当今的经济格局中，货币作为调节资金流动性的核心工具，其管理的优化实际上是金融创新的推动力，并加速了产业与金融的深度整合。企业为了实现这一目标，应通过控股、参股等多元化方式与金融机构建立紧密的合作纽带，形成一个利益均沾、风险共担的联合体。这种生产与金融相结合的策略不仅能为企业带来额外价值，也是金融创新的重要途径之一。在企业的财务管理实践中，资金的有效管理是关键所在，它直接关系到企业的管理效率和经济效益。因此，在构建企业集团的资金管理体系时，以下几个关键点不容忽视。

首先，构建流程化的组织结构和资金控制机制；

其次，实施网络化组织结构下的资金集中管理策略；

最后，实现 ERP 系统与资金管理的无缝对接。这些策略的实施旨在保障资金安全的同时，提高资金的使用效率，以最大限度发挥资金效能。

第二章　企业财务管理信息化发展概述

第一节　企业财务信息化管理

一、财务信息化管理是信息时代的大趋势

信息技术，作为一种能够提升人类信息处理能力的集合性技术，自诞生之始，就迅速渗透到社会生活的各个角落。尤其在财务行业，它引起的变革尤其引人注目。

（一）信息技术：高科技产业的支柱

信息技术涵盖了信息的开发、应用、收集、传递、监管和处理等多个环节，融合了电子计算机、微电子、软件、通信和传感等多项技术。这一集合了微电子学、光学、材料学以及数学和逻辑学等前沿科技精华的领域，极大地提升了社会各层面信息系统的效率，并在我们的日常生活中扮演了至关重要的角色。在当前的科技领域，信息技术是最具活力且增长最快的领域之一，其影响力深远，正迅速渗透到我们的日常生活和工作中。与其他技术相比，信息技术具有以下几个鲜明的特点：

1. 广泛的适用性与卓越的渗透力

信息时代，作为驱动生产进步、促进经济增长和社会发展的核心动力，现代信息技术在众多行业领域展现出了巨大的应用前景和潜力。在这个时代，信息技术已经深入到了生产制造、产品研发、办公自动化、家庭生活、教育、交通通信、商业活动、科学研究、娱乐休闲、安全防护、金融管理、气象预测、资源探测，乃至军事和传媒等方方面面。回望历史，我们找不到任何一种技术能像现代信息技术这样，对人类社会生活的每一个角落都产生了深远而广泛的影响。

2. 信息技术普及有利于减轻环境污染

知识的高度集中有助于取代和减少能源及其他原材料的消耗，同时也有利于减轻环境污染。随着信息技术的飞速发展，人类在开发和利用信息方面的能力得

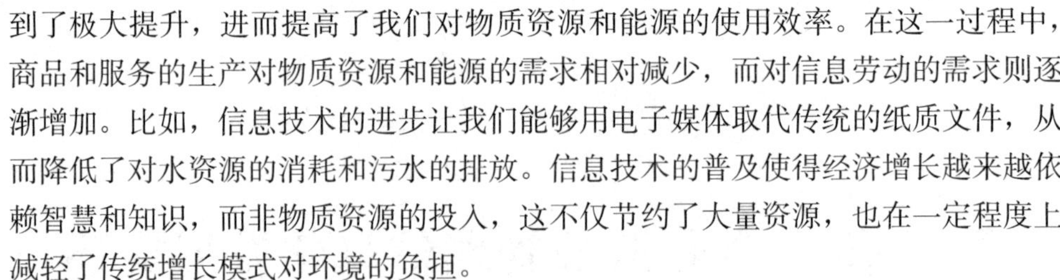

到了极大提升，进而提高了我们对物质资源和能源的使用效率。在这一过程中，商品和服务的生产对物质资源和能源的需求相对减少，而对信息劳动的需求则逐渐增加。比如，信息技术的进步让我们能够用电子媒体取代传统的纸质文件，从而降低了对水资源的消耗和污水的排放。信息技术的普及使得经济增长越来越依赖智慧和知识，而非物质资源的投入，这不仅节约了大量资源，也在一定程度上减轻了传统增长模式对环境的负担。

3. 增长迅猛，迭代频繁，展现出极高的时效特征

目前，美国、日本和欧盟等国家和地区已经进入广泛应用阶段。在信息技术的众多领域，包括光纤通信、卫星传输、激光技术、电视广播及机器人制造等，都呈现出迅速更新换代、不断创新的快速发展趋势。

4. 具有显著的经济和社会效益，能大幅提升生产效率并实现高度增值

随着信息技术的迅猛进步，人类在开发和利用信息资源方面实现了效率的大幅提升。信息资源已逐渐成为生产活动中不可或缺的关键要素，其在提高劳动工具效能、增强劳动者技能、优化生产对象以及改进管理方式等方面发挥着至关重要的作用，进而推动了经济的快速增长。现代信息技术的广泛应用，不仅显著提升了劳动工具的技术水平，也提高了劳动者的技术素养，同时增强了人们对生产与劳动过程的管理和控制能力。这促进了生产要素的优化配置和合理流动，强化了生产与市场、供给与需求之间的互动，从而大幅提升了经济和社会的整体效益。

5. 投资项目规模宏大，风险程度较高

伴随着现代信息技术的不断发展、升级以及普及应用，这些目标的达成均需依靠巨额资金的注入作为支撑。

随着信息技术领域的快速扩展，技术进步和制造工艺的复杂性与精细度不断提高，其研发难度日益增加。与此同时，互联网的普及率也在不断攀升。在这样的背景下，无论是研发还是基础设施建设，尤其是在初期阶段，所需的资金投入都相当庞大。考虑到信息技术更新换代速度极快，这样的巨额投资在可能带来巨大回报的同时，也伴随着极高的风险。

（二）信息技术在财务领域对财务工作的深远影响

在目前这个时代，财务领域面临着前所未有的挑战。对信息的多样化需求已经超越了传统财务的界限，这对传统财务系统的处理能力提出了更高的要求。为了更节省成本、更高效地完成财务任务，我们亟须探索新的解决策略。信息技术对财务行业的深远影响主要体现在两个方面：一方面，当我们把信息技术的特性与财务流程深度融合并进行创新时，它将引导财务行业实现革命性的变化；另一方面，如果我们仍然固守传统的财务模式，信息技术的应用可能仅限于优化现有

流程，从而提升传统财务工作的效率并减少错误发生的可能性。

二、企业财务信息化管理的深远影响

企业财务管理的信息化代表了这一领域的一次重大变革，它不仅是满足财务管理自身发展需要的必然趋势，更是顺应经济与科技发展对财务活动提出的新的要求，也是与时俱进的选择。现阶段，财务信息化管理已经成为一个融合了计算机科学、信息科学和会计学的综合性学科，它在推动经济管理各个领域现代化的道路上发挥着至关重要的作用。具体而言，财务信息化管理的重要性主要体现在六个方面。

（一）提高会计工作的效率

运用财务信息化管理方法，会计工作的效率得到了显著提高。自从实施了财务信息化管理，会计只需在电脑系统中录入记账凭证，计算机便能自动地、高效地、精确地完成大量数据的计算、分类、存储和传输工作。这一改革不仅使财务人员摆脱了烦琐的记账、核算和报表制作等工作，而且极大提升了会计工作的整体效率。

（二）提升财会工作质量

采用财务信息化管理显著加快了财务工作规范化进程，有效提升了会计工作的整体效率。该系统通过实施严格的财务信息采集标准化流程，有效克服了传统手工处理方式常见的不规范操作、错误和遗漏等问题。这一转变使得财务工作更加标准化、制度化，保障了财务工作质量的稳步提高，为财务行业的持续发展打下了牢固基础。

（三）提升了财务工作人员的专业素养

随着财务管理信息化水平的逐步提升，计算机的广泛应用显著降低了财务人员的劳动强度，为他们创造了更多的机会去学习会计和管理方面的前沿知识。在这一过程中，会计从业人员也面临着必须主动掌握财务信息化管理技能的挑战，这一要求有力地促进了财会人员知识体系的升级和专业素养的全面提升。

（四）推动了会计工作职能的转型升级

在传统手工操作模式下，财务会计人员的时间和精力常常被琐碎的记账、算账和报账工作所占据，这使得财务工作只能局限于事后的核算。但随着电子计算机技术在会计数据处理中的应用，财务人员的效率得到了显著提升，他们得以从繁重的事务性工作中解脱出来，将更多的时间和精力投入到经营管理中，充分发挥其专业技能。此外，计算机强大的存储和处理能力使得会计工作不仅能够实现事中控制，还能进行事先预测，从而使财务管理在强化经营管理和提高经济效益方面起到更为关键的作用。

（五）促进了财务会计体系的革新

财务信息化管理引发了深远的变革，其影响不只局限于财务核算工具和信息处理技术的提升，更是对财务核算的本质、方法、流程产生了深刻改变，甚至对会计理论和实务操作也带来了重大影响。随着内部控制和审计线索的发展变化，审计流程也需要作出相应调整。为了适应这些变革，财务管理制度也需进行相应的改革和优化。

（六）为企业管理现代化打下了坚实的基础

在目前的市场竞争态势下，企业若要在激烈的市场竞争中站稳脚跟，不仅需要提高生产技术水平，更要注重提升管理能力，推动企业管理向现代化迈进，以增强企业的经济效益。在这个过程中，会计信息作为企业管理信息的核心组成部分，其重要性显而易见。它通常涵盖了一系列综合性的经济指标。一旦企业实现了财务信息化管理，就为推动企业管理现代化奠定了坚实的基础，并且能够有效促进和加快企业管理现代化的进程。

第二节　财务管理信息化的基本理论

一、财务管理信息化的理论基础

（一）财务管理的数字化转型作用日益显著

随着时代的不断进步，“企业信息化”的理念已经深入人心，并被广泛接受，它成为企业发展的关键支撑系统。在这种情况下，财务管理信息化的重要性愈发突出，它已经变成企业运营中必不可少的“总舵手”。尤其是会计核算、进销存管理等应用需求逐渐减少，而管理会计、集团管理等应用需求却快速增长。这一变化显示出，以会计为核心的财务管理信息化建设正逐渐受到企业的关注，并在实际操作中得到了广泛的推广和使用，进一步证明了财务管理信息化在现代企业中的重要地位。

随着企业对财务管理信息化需求的不断增强，我们逐渐认识到，节约人力资源和提高工作效率并非信息化建设的终极目标。当前，企业信息化正逐步迈向智能化决策支持的更高阶段。在这一过程中，财务数据作为企业的核心资源，其管

理的有效性是制定所有决策的基础和关键，因此，财务管理的信息化水平直接关系到企业信息化建设的成效。深入研究我国集团企业财务管理信息化的现状、面临的挑战及应对策略，不仅具有理论价值，更具有现实的指导意义。

（二）分析企业信息化、会计信息化与财务管理信息化的相互关系，并进行辨析

会计电算化是我国企业首次利用信息化手段应对管理挑战的重要标志，这一进程的顺利实施为企业信息化建设奠定了坚实的基础。随着会计电算化水平的不断提升，企业信息化逐步向更广泛的领域拓展，呈现出全方位、多层次的进步趋势。财务管理作为核心，其信息化功能正不断向业务前端渗透，实时采集业务数据，快速响应并支撑管理决策。在企业信息化不断推进的过程中，会计信息化的重要性日益凸显。通过对大量数据的深入挖掘和分析，结合传统的财务管理方法，逐步构建出现代企业管理信息化的核心——财务管理信息化。企业信息化已经从最初的手工操作替代和效率提升，逐步演变为全面处理企业业务信息，并向企业整体管理和决策支持的方向发展。

在企业发展过程中，企业信息化、会计信息化与财务管理信息化这三个核心概念相继出现，它们在发展过程中相互交织，紧密联系，导致彼此之间的界限与功能界定变得模糊。因此，在探讨财务管理信息化的过程中，明确这三个概念的内在联系显得尤为关键。

企业信息化、会计信息化与财务管理信息化之间的关系可从以下三个层面进行概述：

首先，会计信息化是财务管理信息化的基础，其核心任务是财务报告的编制；

其次，财务管理信息化是在会计信息化基础上进一步发展的，关键在于辅助企业决策；

最后，企业信息化为财务管理信息化提供了所需的环境，同时财务管理信息化又对企业信息化起到了重要的支撑作用。这三者既保持一定的独立性质，又显示出彼此间的紧密关联。财务管理信息化借助企业信息化和会计信息化所构建的数据信息网络，将收集的信息转化为支持企业管理和决策的知识资源。

（三）财务管理信息化的理论界定

目前，在财务管理信息化领域，尚未形成一套完备且独立的理论体系，众多理论问题尚待探讨和解决。随着会计信息化进程的不断深入，这一领域逐渐发展并持续演进，然而对于财务管理信息化的确切定义及其内涵，业界依旧缺乏一个统一而明确的共识。

王海林和续慧泓在他们的著作《财务管理信息化》中，从宏观的角度对财务管理信息化进行了深入的分析和诠释。他们认为，财务信息化管理依托于信息技术，融合企业宏观和微观的管理环境，目的是实现企业价值最大化的财务决策。这一过程通过整合企业管理流程、优化财务手段，构建了一套科学合理的财务决策和控制机制。同时，卢闯和李彤则将财务信息化管理视为企业管理信息化的核心，强调了它在财务数据加工、分析、管理、监控，以及与各方沟通中的重要作用。这两位学者的观点都从宏观的角度对财务管理信息化的基本内涵进行了深入探讨，为该理论的进一步发展和完善提供了坚实的理论支撑。

杨颜启则提出，在全面财务观念的基础上，财务管理信息化是企业通过重构业务流程，运用先进的计算机、通信、网络和数据库技术，集资金流、信息流、物流于一体的整合模式。这种模式以现代财务理论为根本，以现代信息技术为手段，构建一个全新的财务管理框架。在此过程中，提高系统的灵活性对于财务活动的集成化管理及信息控制至关重要。此外，该框架还能提供经营预测、决策支持、实时监控和分析反馈等多项功能，推动企业内外部财务信息的共享与高效运用，从而增强企业的经济效益和市场竞争实力。这一理论不仅对已有观点进行了补充，还从宏观和微观两个层面进行了深入剖析，推动了财务管理信息化理论的进一步发展。

在综合众多专家观点的基础上，本书进一步阐释了财务管理信息化的内涵，将其分为三个主要层面：首先是基于技术支持和数据支撑的根本基础层面；其次是包含核心价值的关键内容层面；最后是关乎实现最终目标的战略目标层面。以下是对这三个维度的具体解读：

1. 基础依托维度

结合计算机技术、信息技术和商业智能等前沿科技，财务管理的数字化转型将会计信息系统作为关键数据支撑，整合了传统的财务管理理念，构建了一个以企业流程优化和重新设计为基础的集中化、共享型信息管理体系。

2. 核心内容维度

财务管理信息化借助前沿信息技术，高效地完成了常规的财务管理工作，并且它还能够将信息转化为有价值的知识，以更加贴近人文关怀的方式，为决策提供了强有力的支持。

3. 终极目标维度

企业财务管理的信息化建设，不仅为企业的运营预测、决策制定、过程控制以及数据分析提供了强有力的工具，而且还致力于推动企业战略价值的最大化实现。这一领域既是企业信息化进程中的关键环节，也是适应现代经济环境发展的必要举措。

因此，财务管理信息化可以被概括为：以信息技术为驱动力的财务管理方法创新，其已成为企业信息化进程中的关键部分，且建立在会计信息化基础之上。

这一概念包含两个主要特征：虚拟独立性和现实依赖性。

所谓的“虚拟独立性”是指，在功能层面，财务管理信息化区别于其他的企业管理信息系统（比如会计信息化），它专门利用信息技术手段对资金筹集、投资决策、运营管理、收益分配及其相关的管理与控制流程进行优化。

另一方面，“现实依赖性”则表现在财务管理信息化高度依赖会计及其他信息系统提供的数据。其管理效能的提升及实施成效，在很大程度上依赖于这些系统的性能优化和稳定运行。

本质上，财务管理信息化是利用信息技术实现传统财务管理功能，如预测、决策、预算编制、控制执行、分析评估及激励机制等的一种方式。其核心目标是将信息转化为有助于企业发展的洞察，从而支持管理层做出更加明智的决策。在实践中，财务管理信息化意味着运用信息技术手段，全面整合企业在资金筹集、投资、日常运营、利润分配等方面的管理工作，旨在提升管理效率并推动企业的整体发展。

二、企业财务管理信息化建设的必要性

（一）从企业的视角来看，推进财务信息化建设的重要性不容忽视

第一，财务信息化在增强企业核心竞争力、推动发展战略实施方面发挥着极其关键的作用。

财务信息化作为促进信息交流与整合的关键手段，极大地提高了财务集中管理的效率。它使得企业高层能够实时了解公司的运营情况，确保事前规划、过程控制和事后审查的有效结合，从而实现财务监管的全方位覆盖。除此之外，财务信息化还为解决财务工作中所面临的一系列重大问题提供了坚实的工具支撑。

第二，构建财务信息化体系是提升财务管理效率、推动财务管理向现代化迈进的关键措施。

现代化企业财务管理是提高管理水平的重要体现，对财务核算的完整性提出了更高的要求。确保数据来源的统一性是提升信息精确度的关键步骤。为了优化企业资源配置效率，企业需执行一致的财务政策和制度，从而实现资源整合调配，强化决策过程及业务成效的评估，严格监管利润目标和成本支出。通过实施独立的账务处理、清晰的权责界定、统一的计量标准和报告格式，以及协调评价与决策的财务管理原则，可以促进企业财务信息的有效收集和高效处理。因此，运用现代管理工具和方法，已成为企业发展的必由之路。

第三，推进财务管理的现代化与信息化，是企业实现战略发展目标的紧迫

要求。

在企业运营中，财务管理发挥着提升管理水平的重要作用。企业的财务活动需兼顾当前与未来的发展需要，秉持以市场需求为引领、以经济效益为中心、以创新为动力的原则。在此过程中，应坚持人性化管理的理念，注重机制创新与政策引导，不断推进管理模式的改革。在这一改革过程中，管理模式的创新与管理工具的升级相互促进，形成一个积极的互动循环。财务信息化的发展包括管理体制的改革和工具的优化两个层面。为了全方位提高企业的财务管理效率，我们需要借助先进的管理工具，加速财务信息化建设的进程。

第四，企业实施财务信息化建设对提升经济效益水平具有切实的重要性。

财务信息化建设具有多方面的优势，包括减轻财务人员的工作压力、提高工作效率、节省资金成本、降低物料消耗、减少内部交易成本，以及增强企业的经济效益等。众多国内领先企业集团的实际操作已经证实，高效且成功的财务信息化建设对于提升企业管理的质量和经济效益有着极为重要的推动作用。

（二）从全球经济的组织架构角度审视，强调财务信息化建设的重要性

在 21 世纪的今天，国际经济组织的形态正在经历深刻的变革，与此同时，财务管理的组织形式也正面临着重大的转型。这一转型的总体方向表现为：财务信息化管理已经变成了适应国际经济新态势的必由之路。这一趋势具体反映在以下几个层面：

1. 知识密集型产业正迫切需要财务管理的数字化转型

随着产业结构的转型，信息化已经成为知识经济时代的核心动力，它不仅促进了传统产业的升级，还催生了新兴的信息产业。在此过程中，信息产业在市场运营、资金清算和股东远程管理等方面实现了飞跃式的发展，极大地加速了资本、技术、资源和市场在全球范围内的流动。这清楚地表明，我们必须对财务管理模式进行创新，推动其信息化进程，以满足知识经济时代产业发展的新需要。

2. 经济全球化推动了财务管理向信息化方向发展

各国正积极努力提高宏观和微观资源的利用效率，追求新兴产业、创新技术、特色产品、低成本以及较高的市场份额。这种经济发展趋势打破了国界限制，商品的自由流通进一步加快了经济全球化的进程。显然，在先进的信息技术和物流系统的支持下，财务管理信息化已经成为全球统一市场构建和经济全球化实现的不可或缺的条件。

3. 全球化资本市场和跨国管理正推动财务管理向信息化方向转型

随着经济全球化的深入发展，资本的角色正在被重新塑造，同时也不断改变着财务管理的传统模式。在信息技术迅猛发展的当今时代，全球市场、资本流

动、结算及国际贸易的重要性使得企业信息系统的建设，尤其是业务、资金和财务信息的处理变得格外重要。财务管理的目标指向了信息化手段的必然选择，推动财务管理信息化向全方位、深层次发展。

三、企业信息化管理中，财务信息化建设的核心目标

构建企业财务信息化管理体系的总体宗旨，旨在全公司范围内打造一个具备安全性、规范性、统一性和实时性的财务信息管理平台。此平台需满足当前财务管理业务的具体需要，具体目标包括以下几方面。

1. 构建规范化的财务信息管理系统平台

建立规范化的财务信息化管理系统是企业提升财务管理基础及信息化程度的核心环节和基本前提。该系统融合了统一的软件应用和数据接口，实现了会计处理程序标准化，并统一了财务报告格式。同时，它还考虑到不同会计制度下的个性化要求，实现了会计科目、编码及政策的标准化整合。

2. 打造系统化、高效的资金管理结构，强化财务管理监督作用，确保财务数据能够即时同步与共享

优化资金管理与配置策略，调整资金结构，解决资金供需不平衡的问题，确保资金流动合理，提高资金使用效率。同时，强化对资金流向的监控，降低资金运营风险和成本。此外，实现资金的追溯和远程查询功能，对单位财务信息实施全面实时监控，辅助内部审计流程，以及时发现和防范潜在的财务风险。

3. 构建一个功能强大且适应性强的不良报告生成平台，同时具备支撑财务分析、管理会计及决策支持等多重功能

建立一个标准化的财务报表系统，该系统能够自动且迅速地编制和汇总旗下各个分支机构的会计报表。系统支持通用基础报表、特定行业报表以及企业内部管理专用的多种报表格式。同时，它能够接受和输出多种报表格式，确保与其他软件的报表数据可以无缝对接。此外，该系统具备精确分析财务指标的能力，通过实时、准确的信息共享，为管理层提供方便快捷的查询和决策分析工具，进而显著提高各基层单位财务管理的效率与品质。

4. 构建并优化企业的预算管理与成本控制体系，增强财务管理的效能

针对不同级别单位的特点，制定个性化的预算与成本控制方案，从而提升预算与成本管理的细致程度。构建一个全面涵盖资金调配、财务运作、资本运作及筹资活动的综合预算体系，并开发出一套高效、精确且具备前瞻性的成本计算机制。我们的宗旨是构建一个系统化、标准化的管理流程，包含企业预算与成本管理的组织、编制、执行、监控、调整、分析及评估等环节，形成一套完整的闭环管理体系。

第三节　企业财务管理信息化存在的问题及对策研究

一、企业财务管理信息化建设过程中经常遇到的典型难题

（一）深化对财务管理信息化重要性的认识

在企业起步阶段，财务管理工作可能仅需要少量人员就能应对。然而，随着企业的持续发展，财务管理的任务和复杂程度也逐步升级。业务数据的迅猛增长要求我们在更紧迫的时间内完成数据加工，同时财务信息的关联领域也在不断拓展。继续采用人工处理账本和纸质文件的传统方法不仅效率低下，而且在工作压力增大时，数据准确性也难以保障。显然，这种传统的工作模式已不再适应企业快速发展对财务管理的需要。因此，打造一个现代化的企业财务管理信息系统，优化资金管理流程，对于促进企业的发展极为重要。但在众多企业尝试信息化管理的过程中，一些企业并未准确掌握信息化建设的核心要义，对主要环节的重要性认识不足。实现从手工操作到信息技术的转变，是财务管理信息化建设的基础，我们必须要深入了解现代化管理的信息资源。只有将财务管理信息化作为企业管理信息化的核心，才能顺利推进企业管理的现代化。

（二）信息的可靠性无法得到充分保障

在现代企业管理体系中，信息管理的作用不可或缺，真实有效的信息是制定科学决策的基础。企业资本和物资的流转监控，依赖于准确无误的信息流。若信息出现偏差，可能会使企业运营管理陷入混乱。企业应采用统一的处理软件，保持信息编码的一致性，以增强信息的整合度和使用效率。推动企业管理信息化，不仅能有效强化财务内部控制，还能实时传递业务数据，确保信息的真实性，为企业决策的制定提供可靠的信息基础。

（三）传统的会计系统存在不足

在遵循传统会计操作的过程中，会计信息往往在多个信息系统之间被反复录入，这种做法影响了经济活动真实面貌的完整性呈现。同时，信息传递和反馈的延迟，常常会导致业务信息的时效性降低，进而影响信息的准确性和实用价值。这种情况给企业的财务资金管理和控制带来了挑战。尽管信息技术的快速发展使得众多企业财务部门开始尝试将 IT 技术与会计信息管理相结合，但由于传统财

务会计框架的限制，这些先进技术的潜力并未得到充分的挖掘和发挥。此外，财务会计的工作流程依旧停留在传统的手动处理模式，缺乏创新，使得会计工作的效率和质量受到影响。

（四）财务信息管理领域人才短缺

众多企业越来越看重人才的培养，涵盖了研发、生产运营、计算机技术和资金管理等多个岗位。然而，在财务管理这一领域，专业人才却十分稀缺。许多家族企业和国有企业中的财务管理人员，不仅学历不高，而且专业能力也较弱。有些人甚至仅凭关系进入财务部门，缺乏必要的信息化管理技能，这与现代化企业对信息管理的要求相差甚远。企业应当积极引进财务领域的专业人才，并提升现有财务人员的信息化管理能力，以此推动企业信息化管理进程。

（五）企业管理层对问题认识不足

构建一个全方位的信息化管理平台对于企业来说是一项既宏伟又复杂的挑战，它包含了生产结构、资金流转模式、管理方式及经营理念等多个重要层面。由于其规模巨大、涉及范围广泛，这一工程迫切需要企业高层的高度重视和各级管理人员的共同努力。如果企业的管理层缺乏创新精神，未能充分认识到信息化管理改革的核心任务，那么这不仅会阻碍企业现代化管理的进程，甚至可能成为企业发展的重大障碍。

二、企业财务管理信息化建设遭遇挑战的成因分析

企业在推进财务管理信息化进程时遭遇的种种挑战，其产生的原因错综复杂，既包含了主观因素，也涵盖了客观因素。

（一）对企业财务管理信息化建设的重要性缺乏充分的认识

构建企业财务管理信息化系统是一项重要的战略性管理创新，它涉及企业从管理理念、运营机制、资金运作到生产结构的全方位变革。然而，在现实操作中，许多管理层成员更愿意维持现状，缺乏推动创新的动力；部分企业领导者仅关注短期利益，未能从全球竞争的角度审视企业长远发展，进而忽略了财务管理信息化建设的战略重要性。更有一些领导者仅以是否搭建局域网作为评估单位建设水平的标准，却忽视了网络的实际应用和信息资源的深入开发，这种片面的政绩观导致网络资源的利用效率极为低下。

（二）消极保守的安全策略导致资源未能得到充分利用，造成了浪费

在财务管理信息化推进过程中，信息安全成为一个重大挑战。个别单位频繁

发生网络数据泄露、窃取和篡改事件。由于担心网络业务处理的风险，一些单位宁愿继续采用传统的面对面沟通和纸质办公，导致信息化网络建设流于形式。因此，采取有效的安全防护措施显得尤为重要。然而，许多单位和部门除了采取封禁、屏蔽和暂停等简单手段外，别无良策。他们仅关注满足安全标准，却忽视了网络系统的高效利用和工作效能，这不仅影响了财会人员使用网络的热情，也降低了整体工作效率。

（三）财务管理软件的更新步伐缓慢，未能有效跟上财务管理工作所提出的最新要求

企业为了构建符合自身文化和经营理念的财务信息化管理体系，迫切需要开发出统一的财务软件。然而，当前我国许多企业缺少具备自主开发财务管理软件需求的专业人才。同时，国际企业的软件解决方案不仅价格昂贵，而且往往无法满足我国企业的实际情况。虽然国内软件在特定行业的财务管理功能开发上具有一定的优势，但通常难以满足大型企业集团实施财务集中管理的需要。此外，国内软件供应商在市场竞争中往往忽视软件的通用性，使得用户在选择时陷入困境，要么只能选择某一家供应商的功能模块，要么不得不放弃之前的投入。再加上软件质量参差不齐，许多产品存在诸多问题，如登录困难、链接失效等，这些都无法满足企业财务管理的实际需要。如果这种情况持续下去，用户对这类软件的信心将逐渐丧失。

（四）技能运用不当，使运行安全难以得到有效保障

财务管理信息化作为财务学科的一个新兴领域，要求会计人员不仅要具备扎实的财务专业知识，还必须熟练掌握网络技术。然而，目前我国许多会计人员在网络技术方面的知识和技能相对有限。尽管大多数人掌握了基本的计算机操作技能，如文字处理等，但对于网络技术的应用仍处于较为初级的水平。

这种状况对维护网络安全构成了威胁。一旦信息系统受到非法入侵或恶意攻击，轻则可能导致工作效率下降甚至系统暂时性瘫痪，重则可能引发敏感信息泄露，给国家及组织带来不可估量的经济损失。因此，提升会计人员的信息技术水平，特别是加强他们在网络安全方面的培训变得尤为重要。这不仅有助于提高工作效率，也是保护企业和国家利益免受损害的重要措施。

（五）责任与权限界定不清，致使维护管理工作出现监管盲区

现阶段，企业财务管理信息化系统的管理结构呈现出多样化的态势，涉及保密委员会、保卫部门、信息化及企业通信部门等多个部门，以及不同层级的行政领导和业务主管。财务管理信息化系统并不直接产生经济效益，而随着网络规模

的不断扩大，维护成本也在逐步增加，这对企业造成了较大的经济负担。系统软件的升级、硬件的更新、机房和线路的维护等都需要大量的资金投入，但这些费用通常并未包含在常规的预算中，从而导致资金支持不足，严重阻碍了财务管理信息化系统的进一步推广与发展。

三、强化企业财务管理信息化的核心策略

（一）确立集中领导机制，明确各级机构与人员的职责与使命

构建网络系统是推动财务管理信息化发展的关键所在。各级管理层需要充分认识信息网络在提升财务管理效率和实现办公自动化方面的重要作用，并应将财务管理信息化网络建设与应用作为优先事项，确保其得到有效实施并持续发展。

1. 需强化组织领导力度

企业应自高层着手，构建一个全面负责的财务管理信息化项目领导团队，把财务管理信息化纳入整个单位信息化的战略规划之中，保障领导层的重视与监督实施。在深入掌握现状的基础上，紧密联系财务管理的实际需要，细致分析和规划，制订出适合本单位特点的财务管理信息化建设方案。

2. 明确各自职责，协同合作

明确组织在财务管理信息化领域的职责划分至关重要，其责任范围应包括指导网络基础设施和应用系统的建设、日常运营、持续维护、安全保障、用户需求分析，以及业务信息资源的开发与整合等主要任务。这样做的目的是在财务管理信息化系统的规划、实施和应用过程中，确保责任明确、任务具体，从而避免指挥不力、盲目建设、资源浪费及责任推诿等问题的发生。通过这种结构化的责任分配，可以有效促进项目的顺利进行，并提高整体管理效率。

3. 统一化管理

企业的信息化管理部门承担着构建和维护信息化网络的重要任务，其主要职责涵盖信息化网络投资决策的统一规划、项目的组织实施与协调，以及网络架构的设计、功能开发和技术支持。下属各单位应根据分配的网络资源，遵循整体的网络建设和运营规划，并按照既定的技术规范和标准，负责各自业务子系统的运行与维护工作。这样的安排有助于确保整个信息化网络的一致性和高效性。

（二）全面提升财务管理信息化系统的建设水平，确保其起点高、质量优

财务管理信息化网络的建设应秉持高起点的设计理念，以确保其建设和运行过程中的高品质。

1. 重新构建整个网络架构体系

企业的信息化管理部门需依据各业务领域的资源数据和网络需要，制定信息化建设的具体目标、规范及标准。该部门负责构建以综合信息网络为中心的架构，同时整合电视系统和数字化档案管理系统等其他信息网络，打造一个具备强大兼容性、优化结构、功能完备、协调统一，并且确保稳定性、可靠性与安全保密性的信息网络基础设施。该网络系统应能支持在线办公与管理、会议召开及动态图像传输，并提供数据存储、查询、快速检索及分级访问等多重功能。

2. 总体设计方案的核心硬件架构

在进行各级信息化网络的硬件建设时，需要确保技术体制和接口标准的一致性，同时根据各单位的具体情况来确定子系统的结构层次。特别需要注意的是，要有效地整合各种网络设备和节点终端的功能。在保证硬件兼容性的前提下，不应盲目追求最尖端的技术。

服务器的设计应采用模块化的方法，以简化数据处理流程并减少总线拥堵。此外，监控系统和电话咨询系统的硬件设计应与信息网络的硬件无缝集成，从而避免重复建设和资源浪费。通过这种方式，可以构建一个高效、统一且具有良好扩展性的信息化网络基础设施。

3. 全方位设计规划，研发适应多场景需要的通用应用程序

为确保上下级单位之间的高效沟通与操作统一，上级部门规定必须将现有软件升级至网络版。因此，各级单位需安装统一的操作系统软件，以适应不同网络环境的需要，进而提升系统的一体化水平、增强互联互通能力，并改善操作的便捷性。

4. 制订全面性的网络升级与改进计划

各财务部门应加强横向互动，密切关注信息化网络的建设与应用动态。对于网络升级、改造等关键项目，必须开展科学论证和方案优化工作。待得到本级信息化建设领导小组审批同意后，再向上一级业务主管部门提出申请，确保各单位网络能够高效连通和协同进步。

（三）提升系统架构，确保财务管理信息化系统的运行效率与稳定性

强化建设体系的完善与提升运行管理体制的优化，是保障财务管理信息化系统稳定运行和实现持续发展的主要措施。

1. 优化和完善网络系统架构

在已搭建的财务信息化管理网络体系中，要精确找出当前网络功能与实际需要之间的差距。考虑到未来的发展需要，我们应当依照统一的设备、技术和软件标准来进行系统的改造与提升。对于那些正处于构建财务信息化管理网络阶段的单位来说，加强网络基础设施、信息系统及应用软件的综合规划至关重要。这些

单位需遵循国家标准，严格按照项目立项审批流程操作，并根据网络建设规划及技术规范，有计划、分步骤地推进网络的建设与优化工作。

2. 强化安全防护体系

为了增强计算机终端用户的安全防护以及提高网络防病毒水平，我们将为所有联网终端统一安装防病毒软件，并确保这些软件能够定期进行更新和升级。此外，我们还将加大网络安全技术的检测强度，及时侦测信息化网络系统中的潜在风险，并对网络用户的异常行为实施实时监控。

3. 进一步优化和完善现有的维护管理体系

为有效应对网络维护经费短缺的问题，确保网络中心、线路及核心系统设备能够得到及时更新与维护，进而保障网络系统的持续稳定运行，我们必须制定并执行有针对性的信息业务维护策略。具体而言，相关部门将承担起信息数据的录入、备份与恢复等任务，确保各类信息数据准确无误、完整无缺且实时更新。

（四）加强管理，提高财务管理信息化系统的应用效能与操作水平

构建财务信息化系统的核心在于其应用的广泛推广，其不断进步与完善有赖于应用范围的不断扩大。对企业而言，财务管理的信息化不仅是经营管理体系的一次重大转变，也体现了信息技术与财务管理的深度融合，通过尖端技术手段提高管理效率，实现财务与业务的高度整合。这一进程对财务人员的专业水平和技能提出了更严格的要求，他们不仅要掌握财务知识，还需了解业务流程。此外，财务管理信息化也给非财务人员带来了新的挑战，要求他们了解基础的财务管理知识，并可能需要他们调整日常工作管理方式。因此，必须从思维观念上对财务管理进行改革和重塑，并在系统建设的初始阶段就设立人员培训机制，不断在整个建设过程中执行，以提升财会人员及其他员工的业务能力，激发他们学习和使用财务管理信息化系统的热情。

综合来说，只有不断深入研究和灵活应用财务管理信息化系统的组织原则，及时发掘并处理网络运行过程中出现的问题，适当地对系统进行升级、改进以及完善相关配套设施，才能最大限度地发挥财务管理信息化系统的使用价值，实现其最佳的应用成效。

第四节　我国企业财务管理信息化协同模式建设

随着互联网科技的快速进步，电子商务行业迎来了爆炸式的增长。应对这一数字化浪潮，众多企业开始布局财务管理的数字化转型，展现了深谋远虑的战略视角。通过整合网络信息平台进入财务管理体系，企业得以将日常运营与财务管

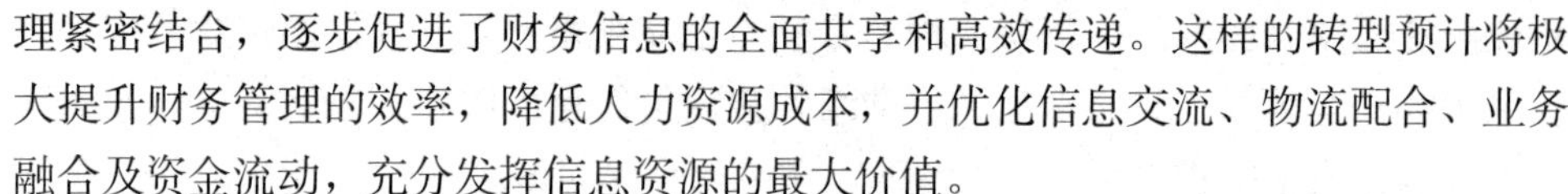

理紧密结合，逐步促进了财务信息的全面共享和高效传递。这样的转型预计将极大提升财务管理的效率，降低人力资源成本，并优化信息交流、物流配合、业务融合及资金流动，充分发挥信息资源的最大价值。

一、企业财务管理信息化协同模式的重要性

企业财务管理信息化协同模式标志着一种新型的财务管理手段，它基于尖端的互联网技术，对企业的财务活动进行高效化的管理。该模式的核心目标是为企业的管理层、控制节点、管理过程及决策制定提供实时、全方位且规范的财务数据。特别是企业内部的信息管理系统与合作伙伴的信息系统，通过计算机和网络平台所实现的“云技术”进行高效的信息交流、存储和处理，达到了协同作业的水平。这一模式有助于加快企业财务信息管理的协同效率，确保管理层能够及时、准确并获得全面的财务信息，从而推动企业财务管理与企业生产经营之间的有效对接和良性发展。

在当前经济迅猛发展的背景下，我国独立研发的创新型财务管理信息化模式，为众多公司提供了全新的财务处理方法，并构建了高效的内部沟通桥梁。这种企业财务管理的信息化协作体系，不仅助力企业精准掌握财务数据，也大幅提升了现代企业的经营管理能力，使企业在竞争激烈的市场环境中抢占先机，从而建立了稳固的制度和实践基础。

二、在推进财务管理信息化协同模式的过程中遭遇的一系列发展难题

在信息化时代浪潮的推动下，我国的经济发展获得了新的动力和巨大机遇。然而，这一时代背景也对企业财务管理结构及信息安全提出了更高的挑战。互联网的普及使得电子商务活动在开放和共享的基础上迅猛发展，但也伴随着一系列亟待解决的问题。在这个信息化市场经济还不够成熟的环境中，我国企业信息化建设依然任重道远，需要不断投入大量的人力、物力和财力资源，以确保平稳过渡到稳定发展的新阶段，并逐步构建与企业发展相适应的财务管理信息化协作体系。企业财务管理的信息化建设是一项系统而复杂的任务，各企业需针对自身在信息化道路上的具体情况，及时发现并补齐短板，积极推进财务管理体系的优化升级。目前，我国企业在财务管理信息化建设过程中，主要遭遇以下几个方面的挑战：

第一，在我国，众多企业在推进财务管理信息化协同模式的过程中普遍面临信息失真的挑战。我国市场经济目前正处于起步阶段，相关的法律法规和规章制度尚未完善，特别是在信息化经济方面，监管体系尚不能实现全面覆盖。在这

种情况下，一些企业为了降低运营成本，可能会选择铤而走险，采取机会主义行为。出于对自身利益的考虑，这些企业可能会运用不公平的竞争策略。这种行为使得企业内部不同部门之间的会计核算信息产生较大差异，进而导致企业财务信息的真实性无法得到准确体现。

第二，在企业发展过程中，不少公司常常忽视与外部环境的沟通与合作。这些企业在日常运营中，往往只关注内部各部门间的信息交流和确认，却未充分认识到与外界进行信息交流的重要性。在信息化浪潮席卷而来的今天，企业不仅要提高财务管理的效率，还需主动拓宽与政府机关、行业协会等经济领域的交流渠道。构建一个融合内外部资源的企业财务管理信息化协作体系，可以帮助企业及时掌握关键运营数据，进而有效预防和规避发展道路上可能遇到的风险。

第三，部分企业未能与信息化时代同步前进，他们在打造财务信息化管理系统的过程中遭遇了挑战，还未建立起与公司运营协调一致的财务管理信息化合作机制。在促进信息化资源共享的过程中，这些企业面临着双重需求：一方面要实时获取业务数据以推动财务管理的信息化进程，另一方面则需高效地集中处理日常运作中不断产生的繁杂财务管理任务。

在我国企业深入探索财务管理信息化协同模式的道路上，遭遇了不少发展难题。为了推动创新并实现实践上的飞跃，我国企业应当将焦点集中在几个关键领域，致力于在这些环节实现质的飞跃和发展突破。

三、我国企业在财务管理信息化方面构建协同模式的发展架构

在我国企业推进现代财务管理信息化协同模式的构建过程中，关键在于首先建立一个科学的财务管理机制作为根本保障。此外，借助网络技术的力量，提高管理工作的效率并保证与外界的顺畅交流。为实现这一目标，企业需关注以下几个主要环节。

（一）致力于构建企业财务管理信息化协同模式的战略发展目标

企业需积极建立和优化财务信息化的协同管理机制。这要求企业在深入了解和科学评估当前经营和财务管理状况的基础上，结合对未来的明确规划，确立自身生产经营的具体目标。由于不同企业的规模和业务领域有所不同，其财务管理面临的任务也会有所区别。因此，在实际操作中，我们不应为所有企业制定统一的规范。企业应当根据自身发展阶段不断调整发展路径，及时更新发展目标，以适应不断变化的环境。

（二）完善企业财务信息化协作模式的辅助体系

为了推动财务管理信息化协同模式的广泛应用，企业不仅要构建该模式，还

需完善相应的配套体系，以保证其相互补充且有效。在搭建现代化企业财务管理基本架构的同时，企业需确立统一的业务流程和制定严密的数据安全规范，进一步规范财务管理信息化协同模式及其辅助管理机制。

（三）企业需要科学地掌控财务管理信息化的协同模式

企业在实施财务信息化管理时，必须对财务信息相关资源进行系统规划和整合，涵盖信息的收集、筛选、加工、传递、共享及决策等多个环节。这样的规划目的是加强企业内部各部门之间，以及企业与外部伙伴、社会公众和政府之间的财务信息高效流通与交流。此外，它也保障了企业与外部信息系统的顺畅对接，为财务管理信息化提供支持。只有当企业能够科学地运用内外部财务管理信息化的协同机制，才能确保其长期稳定地发展。

在互联网技术高速发展的当下，我国的社会主义市场经济步入新的发展阶段。在这个转型升级的过程中，我国企业面临着更为严峻的经济社会发展挑战。全面信息化时代的到来，对企业提出了新的考验，其中企业信息化建设，特别是财务管理信息化协同模式的推广和应用，已经成为企业发展的主要任务和挑战。企业主要通过构建网络平台，对财务管理相关的信息数据进行收集和处理。这种创新的财务管理信息化协同模式，相较于传统的财务管理模式，极大地提升了财务管理效率，降低了人力成本，确保了财务管理的高效运行，同时也增强了财务管理人员的工作效率和企业财务管理的规模效应。随着全球经济的持续发展，我国的企业财务管理信息化协同模式预计将得到更广泛的推广，并向规模化经营迈进。

第三章　网络财务管理

第一节　网络财务管理概述

网络财务管理打破了地域限制，提高了信息传播效率，优化了信息的使用效果，并且降低了企业的运营成本，促进了财务管理由传统模式向网络化模式的转型。

一、传统财务管理模式存在一定的局限性

（一）传统的财务管理手段已无法满足其日益增长的需要

在当今电子商务和网络经济迅猛发展的背景下，传统的企业财务管理正遭遇重重挑战。电子商务模式下，交易双方在网络空间中完成谈判、签约、支付等全流程，实现了交易的远程化、实时化、虚拟化。这种模式对财务预测、规划和决策效率提出了更高的要求，迫使财务管理需变得更加高效、灵活和适应性强。然而，由于缺乏网络化支持，传统的财务管理方式往往具有局限性，财务部门往往只能进行事后的账目处理，无法实现有效的信息流通，这在电子商务的新时代显然无法满足对财务管理的全新需要。

（二）传统财务管理模式下所获取的财务数据具有一定的局限性

在企业运营过程中，财务数据在传递过程中可能会出现信息丢失的现象，同时也面临着被人为篡改或伪造的风险。这些情况将影响财务信息的真实性，导致管理层无法获得准确和可靠的数据作为决策依据。

在众多规模较大的企业中，复杂的内部组织结构和多元化的业务模式常常导致不同部门，甚至是同一集团下不同子公司之间存在着各自的利益诉求。这种状况给企业在整合财务信息时带来了巨大挑战，因为信息来源分散，难以实现全面的监督和控制。因此，传统的财务管理手段往往难以收集到完整且精确的财务数据，这不仅限制了财务管理技术的进步，也使得构建一个高效流畅的信息传递系

统变得极为困难。

大型企业由于旗下众多分支机构和部门分布广泛，它们在短时间内对财务数据的汇总与分析工作面临极大挑战。这种情况常常使得企业高层难以快速掌握关键财务信息，同时也面临着不能及时将信息传达给各个相关部门的困境。

（三）传统模式下财务管理与企业现代管理模式之间存在着一定的差异与不协调

在电子商务时代，企业财务管理面临着更为严峻的挑战，迫使财务管理手段不断创新，研究视角也需进一步拓展。现代企业财务管理正朝着自动化、业务协同、实时监控和远程操作等方向发展。然而，传统的财务管理模式因受限于时间和空间，且与业务活动之间存在时间差，往往导致企业内部信息传递不畅、信息利用率低，进而影响企业财务资源的最佳配置。

二、网络财务管理的概念与特征

（一）网络财务管理的概念

网络财务管理是在网络环境下，借助企业内部网络和互联网平台，将信息技术与财务管理技术相结合，对企业资金筹集、资本投资等财务活动进行在线管理的现代管理手段。作为一种依托于网络技术的创新财务管理模式，它呈现出以下几个特点。

第一，从空间维度来看，企业各项业务活动可通过网络进行远程操控，这极大地促进了企业财务资源的整合，进而全面增强了企业的市场竞争实力。

第二，从实时性的角度来看，企业各类活动通过网络能够即刻上报，这为管理层带来了方便的网络化管理工具，从而大幅度提高了企业的运营效率。

第三，在网络财务条件下，电子化货币的普及不仅极大地提高了结算效率，更重要的是加快了企业资金的周转速度，降低了资金成本。在这种环境下，企业财务信息能够以更快的速度、更灵活的方式和更广泛的共享性满足各个利益相关者不同的信息需要，从而帮助企业管理层更加有序地进行企业管理和决策。

（二）网络财务管理的特征

网络财务管理颠覆了传统的管理模式，通过与互联网技术的有机结合，催生出了新颖的财务管理模式。这一模式的特征主要表现在以下几个方面。

1. 实现资源共享

在互联网的大背景下，企业通过运用网络技术，对信息资源进行整合管理，

实现各类经济活动的在线操作，同时与外界信息系统实现互联互通，从而达到了企业资源的全方位共享。

2. 实现远程处理

在信息技术尚未普及的时期，因地域限制，企业对分布在不同地方的分支机构财务管理遭遇了技术和成本的双重困境。但随着网络财务管理软件的出现，这一难题得以有效解决。网络技术的引入极大地缩短了企业内部各部门的空间距离，使企业的财务管理能够通过网络延伸至全球各个角落，大幅提升了管理层对各部门财务状况的监控和调控能力。

3. 推动财务管理方法和策略的创新

随着网络技术的融合，财务管理实现了现代化的飞跃，技术的不断进步为财务管理功能的拓展奠定了坚实的基础。企业通过建立现代财务管理系统，不仅深度整合了各项业务，也促进了财务管理角色的转型与升级，并且推动了财务管理手段的不断创新。

4. 实施财务集中控制管理

在网络财务的新时代背景下，企业信息管理的效率有了显著飞跃，告别了传统财务管理的延迟处理方式，转而采取即时集中的信息处理新机制。这一机制能够实时动态地整合企业内各部门的信息资源，并迅速将这些资源传递给相关部门，保障了各部门职责的高效履行。此外，这一变革还推动了企业内部权力的合理分布，使得企业对资金流和物流的管理更加精准。最为关键的是，这种集中的财务信息管理模式为管理层提供了实时且准确的数据支持，极大地提升了决策效率和质量。

在数字化财务管理时代，企业实行集中式财务管理模式，可以有效整合财务资源，提高市场竞争能力。借助网络财务管理平台，企业能够对旗下各分支机构的财务进行集中监控和管理，实现资金的统一调配。这一模式为高层管理人员提供了即时的业务数据，保障了企业决策的前瞻性规划、过程的有效控制和结果的事后评价的统一性，从而显著提升了企业的运营效率。

5. 实现财务数据与业务数据的整合协同

组织内部业务的协同作用至关重要，它贯穿于整个组织的业务流程，包括网络采购、在线销售、库存管理、网络服务及在线费用管理等多个环节。财务部门在预算管理、资金筹措、在线支付及结算等职能方面，必须与业务部门的运营紧密协作，以实现高效的工作协同。

企业在供应链体系中占据着核心地位，与供应商、物流服务商、零售商及终端消费者之间形成了紧密的联动。供应链的顺畅运作依赖于信息流、物流和资金流的无缝对接，其核心目标在于推动整个供应链价值的最大化。在企业内部，日常经营活动如采购、销售、管理控制及市场预测等环节都会产生大量数据，特别是关键的财务数据。企业需要将这些财务数据迅速融入财务管理系统之中进行高效处理，并将处理后的信息反馈到业务流程中，以此实现财务与业务的同步发展，进一步整合各类管理信息，从而提升整体的管理效能。

企业在进行经济活动时，往往需要依赖外部环境中的多种部门和要素进行配合，这种协同作业是确保经济活动顺利进行的重要因素。

（三）网络财务管理的目标

在传统的财务管理理念中，企业的核心追求是利润和价值最大化，这种观念主要围绕企业自身的利益展开，强调个体利益的重要性。但在网络财务的新环境下，财务管理的目标变得更加多元化。这种转变意味着，除了关注企业本身的利益和价值外，也开始考虑其他利益相关者的权益；不再仅仅聚焦于企业的直接经济效益，而是更加注重社会整体的利益和福祉。因此，网络财务管理的目标逐步拓展至以下几个层面。

第一，在数字化经济背景下，企业面临着平衡多方利益相关者权益的挑战。这些相关方包括股东、债权人、员工、客户、供应商及政府部门等，他们各自有着不同的利益诉求：股东期望资本增值，员工希望提高薪酬，债权人关注本金及利息的按时回收。企业需要在保护股东利益的同时，兼顾其他利益主体的合理需求，确保公司财富长期持续增长。只有这样，企业才能高效达成自身目标，实现利润和价值的最大化。

第二，企业必须充分认识到履行社会责任的重要性，这不仅是其发展过程中的必然要求，更是其长远发展的关键所在。将社会责任融入财务战略的规划之中，不仅能帮助企业实现自身的经营目标，还能促进企业与社会的和谐共生，共同创造互惠互利、共赢共进的新局面。

第三，为了促进企业的持续稳健增长，财务管理必须将视野扩展至企业的长远发展，而不仅仅局限于追求短期收益。这要求我们在关注现有利润的同时，更多地着眼于企业未来可能的盈利潜力，保障其持续健康发展。企业需要在即时收益与长远规划之间找到一个合适的平衡点，以此实现企业利益和价值最大化之终极目标。

在网络化时代，企业在进行财务管理时必须综合平衡内部和外部利益相关者的需要，同时协调好眼前利益与长远发展，以达成所有利益相关者共同的利益目标。

第二节 网络筹资管理

一、企业筹资概述

企业融资作为财务管理的重要环节，涉及企业运用多种融资渠道和市场，采取各式各样的融资手段，旨在筹集满足生产运营、对外投资及资金结构调整需要的资金。其核心目标在于保障企业日常经营的顺畅进行，并支持企业的持续发展，这与财务管理的总体目标一致。鉴于不同企业融资目的存在差异，企业必须结合自身运营特点、未来发展规划、融资成本和风险水平，审慎选择适宜的融资方式和途径。

（一）筹资渠道

企业在筹集资金时，必须选择合适的渠道并采取相应的策略。目前，企业可利用的主要融资途径包括若干种类。

1. 国有企业的资金传统上主要来源于国家财政

目前，国有控股企业的资本依旧高度依赖于国家的财政扶持。同时，国家通过实施多项优惠政策，比如减税、退税等手段，为国有企业提供了资本积累的支持。虽然随着经济体制改革的不断推进，国家财政资金在国有企业资本构成中的比重有所下降，但在关键行业，特别是关乎国计民生的基础领域中，国家财政资金仍然是国有企业最主要的融资渠道。

2. 企业筹集资金，银行贷款一直扮演着核心角色

在我国，银行系统主要由商业银行和政策性银行两大类构成。商业银行遵循偿还性和优选性原则，为各类企业发放商业贷款。另一方面，政策性银行专注于向特定企业发放政策性贷款，其宗旨并非追求盈利，而是推动社会整体效益，服务于公共福祉。这两类银行成为企业获取资金的主要来源。

3. 非银行金融机构在业务运营中，资金管理是其核心职能之一

这涵盖了诸如信托投资公司、多种租赁企业、证券公司和保险公司等众多机构。这些机构通过证券的发行与承销，以及资金的配置与流转等手段，有效地帮助企业扩展融资渠道。在中国，目前尽管非银行金融机构对企业资金的支持作用相对有限，但该领域却拥有广阔的发展前景和巨大的发展空间。

4. 某些企业出于保证原材料供应稳定的特殊考虑，会对上游供应商实施股权投资

在企业的常规经营活动中，往往会出现一些短期内闲置的资金，为了提高资金使用效率，这些企业会在追求经济回报的动机驱使下相互开展投资。而对于资金吃紧的企业而言，吸引其他企业的资本注入成了一条可行的融资途径。

5. 众多民众的闲置资金并未储存在银行等金融机构

企业可以通过发行股票、债券等途径，将社会上的零散私人资本聚集起来，满足企业生产和运营的资金需求。随着我国民众生活质量的逐步提高，个人掌握的资金量也在不断增加。因此，这种筹集资金的方式预计在将来会占据更加重要的地位。

6. 企业内部资金筹集方式独具特色

内部资金主要来源于公司自身积累的公积金、折旧基金和留存收益等。这种筹资方式的优势在于企业无须对外寻求资金，而是直接将内部资源转化为所需资金。同时，这种方式的资金成本也较为低廉。随着我国经济水平的持续提升，企业对这种内部资金筹集途径的重视程度将逐步增强。

（二）筹资方式

企业筹集资金的方式多种多样，涉及具体的途径选择。企业可根据资金的不同来源，选择合适的筹资手段，同时对于同一资金出处，企业往往有多种筹资路径可以选择。

当前，企业获取资金的途径主要涵盖了若干种常用的方法。

第一，长期借款，是指企业向银行、非银行金融机构或其他企业借入的，还款期限超过一年的资金，它是构成企业长期负债的一个重要部分。

企业选择长期借款作为资金筹集手段，其优势在于高效快捷，能在较短时间内迅速筹集到所需的资金。同时，由于借款利息可以在计算应纳税所得额之前扣除，使得借款成本相对较低，有助于减轻企业的财务压力。此外，长期借款还表现出一定的灵活性，企业可以直接与银行或其他金融机构商讨并确定贷款合同中的相关条款。

长期借款为企业带来了较大的操作弹性，但同时也伴随着一些弊端。比如，它具有较高的财务风险，一般而言，贷款协议会规定固定利率，企业必须按时偿付利息；另外，它的约束条款相对较多，可能会对企业未来的资金筹措和投资活动产生限制；而且，借款额度也会受到一定的制约。

第二，融资租赁，也称作财务租赁，是与经营租赁相区别的一种长期租赁形式。具体而言，它是指租赁公司根据承租企业的专门需要，为企业筹措资金以购买相应的设备，然后依据双方签订的长期租赁合同或协议，将该设备移交给承租

企业使用的一种信贷租赁业务。在此模式中，与租赁资产所有权有关的风险和回报实际上已整体转移至承租方。

企业选择融资租赁主要是出于资金流通的需要，这一融资方式本质上具备借贷的特点，成为企业获取长期资金的一种有效手段。其租赁期限一般较长，常常超过设备寿命的一半；租赁合同较为稳定，除非双方协商一致，否则在租赁期间通常不可取消，这有助于确保双方的权益不受侵害。融资租赁的筹资效率较高，有利于维持企业的负债水平；同时，它的财务风险较低，并能享受到税收政策的优惠。但是，融资租赁的租赁成本相对较高，主要是因为出租方承担的风险较大，因此需要较高的回报，使得其筹资成本高于其他融资方式；另外，还可能面临利率变动的风险。

第三，债券，作为一种证券，企业通过发行债券来筹集债务资本。债务人承诺按照规定期限，向债权人偿还本金及支付利息。在中国，股份有限公司和有限责任公司发行的债券属于公司债券，而其他非公司制企业发行的债券则称作企业债券。企业通过这种方式可以有效地募集到所需的债务资本。

该融资手段的优势主要在于其较低的债务成本，这是因为债券的利息支出可在计算公司利润之前扣除，从而享有税收优惠。此外，它有效利用了财务杠杆原理，因为债券投资者只能获得固定的利息收入，不受公司盈利水平波动的影响。因此，盈利的增长部分主要回馈给股东或转为公司的留存收益。发行债券还有一个显著优点，即不会稀释股东的持股比例，因为债券持有者不享有公司经营决策权。通过发行债券，公司不仅能优化资本结构，还能进一步增强管理效率。

规模企业通过发行企业债券进行资金筹集的过程中，亦会面临一些局限性。首先，企业需按期支付债券利息，并在债券到期日归还本金，这在企业盈利能力不强时可能会带来财务负担。其次，债券投资者常常会对企业提出诸多约束性要求，这可能对企业未来的融资行为产生一定的限制作用。另外，通过债券发行能够筹集的资金规模也受到一定的制约。

第四，发行股票，在相关规定下，股份有限公司通过既定程序发行的股票，是确认股东身份及公司内部权益的一种凭证。股票大致可分为普通股与优先股两大类。普通股赋予股东同等的权益与责任，并允许其参与公司的经营管理；相对地，优先股则确保股东在分红与企业清算过程中，享有超越普通股股东的优先权。在中国市场，公司普遍发行的是普通股。依据《公司法》及《证券法》，普通股的发行和交易必须严格依照法律法规的规定执行。

发行普通股为公司带来诸多优势：首先，股息的发放并非固定不变，而是依据公司盈利状况灵活决定；其次，普通股作为一种长期资金，没有固定到期日，仅在清算时才会对剩余财产进行偿还；最后，通过发行普通股，公司还能增强自身的借款实力。

企业在通过发行股票筹集资金时，往往需要承担较大的成本压力。这是因为股票投资本身伴随较高的风险，投资者为了弥补这种风险，通常会要求获得更高的收益。此外，股票的红利只能从税后利润中支付，无法享受税收减免的好处。同时，股票发行还可能导致公司控制权的分散，这种情况可能会削弱公司的盈利能力，并进一步影响每股收益的表现。

第五，直接吸收投资，是指企业基于“共同投资、共同管理、共担风险、共享利润”的原则，吸引投资者投入资金。投资者可以通过现金、实物资产或者土地使用权等多种形式进行资本注入。这种融资方式类似于公司发行股票，主要是非股份制公司筹集资金的一种手段。

这种筹资方式的优势在于显著降低企业财务风险，并能确保筹集到的资金迅速用于公司日常运营。但与此同时，它的缺点也较为明显，即资金成本较高以及可能引起企业控制权的分散问题。

二、网络对企业筹资环境的影响

随着网络技术的广泛应用，企业在不知不觉中面临着内外部环境的变化，这一变化也逐步在企业筹资活动中显现出来。这种影响主要体现在以下几个层面。

（一）金融市场环境

在现代社会经济结构中，企业的日常运营资金不仅仅来源于创始人的原始资本注入，更大程度上依靠金融市场的融资活动。金融市场的发展程度直接影响着企业能否顺利获取关键的运营资本。随着网络技术的飞速发展，金融市场获得了技术上的强大支持，这不仅促进了金融市场的全球整合与自由化，也为企业筹集资金创造了更为有利的环境。

随着网络技术的发展，企业在筹集资金方面享受到前所未有的便捷和丰富的信息资源。在互联网平台上，资金供应方可以随时随地发布融资信息，而需求方也能够轻松利用网络技术，搜集到潜在的资方资料，这极大地提升了企业融资决策的效率和精准度，为企业提供了强有力的信息保障。

互联网技术的迅猛发展极大地提升了企业融资的效率。得益于网络技术的便捷性，企业可以随时在线与资金出借方进行条件谈判。当双方在资金转移的条款上达成共识后，企业可以迅速获得所需的资金，极大地加快了融资过程。利用网络平台进行资金筹集，企业能够免除许多烦琐的中间环节，这不仅提升了融资效率，还减少了融资的成本。此外，融资效率的提高也在一定程度上减轻了企业面临的资金压力，让企业能迅速将筹集的资金用于生产和运营活动。

随着我们步入网络时代，企业在筹集资金方面迎来了空前的机遇。得益于

网络技术的深入发展，全球金融市场正在稳步走向融合，企业的融资途径也因此超越了传统金融框架的限制。网络平台让企业有机会与全球的资金供给者建立联系，并促成合作机会，这是传统金融因地理障碍所无法实现的。因此，企业的融资行为已经跨越了物理空间的限制，融资的视野和规模都得到了极大地扩展，这对融资企业来说，无疑具有深远的影响。

（二）经济环境

随着网络技术的崛起，它与我国社会经济的发展紧密相扣，二者之间建立起了一种相互促进、协同发展的关系。网络技术在多方面对经济环境产生了深刻的积极影响。

随着网络技术的飞速进步，世界各国各地的经济联系愈发紧密，相互影响日益加深，逐步融为一体。这一趋势促使生产要素在全球范围内自由流动，实现最优配置，进而推动全球经济一体化不断向前发展。

随着互联网经济时代的到来，资产的含义和范围得到了极大地拓展，这引发了企业资本结构的根本改变。在这个过程中，传统的物质资产在企业总资产中的比例逐渐降低，而知识资本的地位却日益提高，其重要性不断增强。知识资本作为一种特殊且日益重要的生产要素，其价值和作用正在逐步显现，变得越来越突出。

随着网络技术的迅猛进步，企业所面临的金融环境和经济环境发生了显著变化。这一变化不仅明显改变了企业在外部环境中的资金筹集条件，同时也重新塑造了企业的融资途径及其资金成本承担方式。

三、网络对企业筹资方式的影响

在企业制定筹资策略时，选择合适的筹资方式至关重要。企业的外部融资条件和内部融资能力共同决定了其采用的融资路径。随着网络技术的不断进步，企业融资过程中必须充分考虑这一技术因素，因为它直接关系到企业融资方式的选择及其面临的财务风险大小。

随着网络技术的发展和进步，企业在筹集资金的方式上受到了明显的影响。虽然网络技术并没有在本质上增加企业可以使用的融资方法，也没有彻底改变企业能够采用的融资工具，但它确实转变了企业在选择融资路径时的偏好。网络技术极大地简化了企业融资的流程，因此，企业在选择融资方式时，更倾向于那些操作简便、效率更高的渠道。

随着网络技术的发展和进步，企业的融资策略明显受到了影响。企业的资金筹集方式与金融市场的成熟度紧密相连，其效果受到金融市场发展水平和完善程度的影响。网络技术的提升为金融市场的高效率运行提供了有力的技术支持。网络技术对金融市场的影响主要体现在推动证券化进程、降低证券交易运营成本以及扩大市场规模，提高了国际资本流动的效率。在网络技术的影响下，企业的融资渠道也发生了改变。随着金融市场的不断发展和完善，企业需要对融资策略进行相应的调整。在网络经济时代，企业在选择融资方式时，其策略调整主要体现在以下几个层面。

首先，随着金融市场证券化进程的推进，企业利用证券方式筹集资金的比重不断增加。得益于证券融资成本的降低，发行股票、债券等证券手段成为企业获取资金的首选。

其次，作为一种在现代金融领域崭露头角的筹资方式，融资租赁正日益受到众多企业的追捧。无论是巨额投资的大型飞机，还是日常所需的小型机器设备，企业所需资产几乎都能够通过融资租赁途径获得。然而，这种筹资方式涉及众多关联方，这些关联方之间沟通和协调所需的成本，是采用这种方式的企业不能忽视的。尤其在我国，企业通过融资租赁获得的设备常常来源于国外，涉及境外关联方的情况较为常见，这无疑加大了融资租赁的难度，限制了其更广泛的应用。

在网络环境下，企业能够通过网络技术快速、便捷地获取资产租赁的供应信息，并与租赁资产提供方实时交流和协商，这显著降低了企业融资租赁的成本。在美国，公司生产经营中所需的新设备约有 30% 是通过租赁获得的，这充分表明网络技术的高度发达极大地推动了融资租赁业务的发展。借助网络技术，企业采用融资租赁方式筹集资金的各种障碍可以得到有效解决，同时也大大提高了企业采用融资租赁方式的积极性。

四、网络对企业筹资成本的影响

资金成本是指企业在筹集和使用资金过程中所需承担的费用。从广义角度来看，不论企业筹集的是短期还是长期资金，都需要付出相应的代价。而从狭义角度来讲，资金成本通常指的是企业为获取和运用长期资金所需承担的成本。资金成本主要由两部分组成：资金筹集费用和资金占用费用。资金筹集费用是指企业在筹集资金过程中产生的各种费用，例如股票、债券发行的印刷费、手续费和广告宣传费等，这些费用通常在筹资时一次性支付，之后在资本使用过程中不再发生。资金占用费用则是指企业在使用资本过程中所需支付的费用，如向股东支付股息、向债权人偿还利息等。

资金成本在企业的财务决策中占据着核心地位，它直接决定了企业筹集资金的效率和效果。在投资项目中，若投资回报率超过了筹资本身的成本，通常意味着该项目是有利可图的。因此，企业在筹集资金时必须综合考虑各种影响资金成本的因素，力求以最低的成本获取所需的投资资金。外部筹资环境是影响资金成

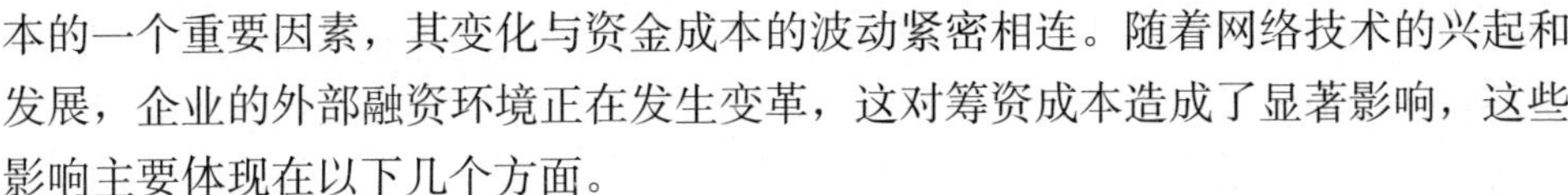
本的一个重要因素，其变化与资金成本的波动紧密相连。随着网络技术的兴起和发展，企业的外部融资环境正在发生变革，这对筹资成本造成了显著影响，这些影响主要体现在以下几个方面。

（一）网络技术的出现与进步有效降低了资金募集的成本

在企业的资金筹集过程中，不可避免地会涉及一些必要费用，比如在发行股票或债券时所需的印刷费、手续费、宣传费、律师费及资信评估费等。这些费用通常是一次性的，并且性质上属于固定成本。尽管这样，这些费用在企业的资金成本分析中常常被忽略。实际上，这些在筹资过程中发生的费用是构成企业整体筹资成本的重要部分，它们对企业的资金成本高低产生直接影响。

（二）互联网技术的兴起极大地促进了企业在融资方面的便捷性

随着互联网技术的进步，企业筹集资金的方式也发生了变革，开始利用网络交流平台进行资金的募集。这种做法不仅大幅降低了融资前的各项成本，而且随着网络技术的不断升级，线上证券交易也变得日益活跃。通过网络途径开展资金募集，企业免去了发行股票、债券等过程中产生的大量印刷费用。因此，网络技术的普及和发展有效地降低了企业的融资成本，从而减轻了这一部分成本在企业总体资金成本中的压力。

（三）网络技术的诞生与进步在减少资金占用成本方面发挥了积极作用

在传统的融资方式下，企业选择资金渠道往往受制于信息交流的限制，通常只能在一定的地理区域内操作，这不仅压缩了企业的融资范围，也可能导致资金成本较高。但随着网络时代的到来，企业得以利用网络技术接触众多资金提供者的信息，使融资活动不再受地域限制，可以在全球范围内寻找可能的资金合作方，开展筹资协商等事务。网络技术的发展，一方面为企业拓展了资金来源的搜寻范围，另一方面也由于企业有了更广阔的对比和挑选余地，从而提升了以较低成本获取所需资金的可能性。

第三节　网络投资管理

一、企业投资概述

（一）企业投资的概念及重要性

投资作为企业财务管理的重要组成部分，关乎企业将筹集的资金投入到特定行业或项目中，旨在未来获取预期收益。在市场经济体制下，企业能否有效地将资金运用于那些高回报、快速回本且风险较低的项目，对于企业的长远发展和不断壮大起着至关重要的作用。

（二）企业投资的分类

为了提高投资管理的效率和成果，我们有必要明确投资的基本属性，并对投资进行适当的分类。通常，我们会采用以下几种常见的分类方法。

1. 直接投资和间接投资

直接投资是将资金注入生产性资产中以获取利润的一种投资方式，在非金融企业中，这种投资方式占据了主导地位。相对而言，间接投资通常是指购买股票、债券等金融资产，以此来获得股息或利息收益。随着我国金融市场的不断成熟和多元化融资渠道的逐渐建立，间接投资的应用范围也在不断扩大。

2. 对内投资和对外投资

内部投资，也称作对内投资，指的是企业将资金注入自身，以购买生产和管理过程中必不可少的各种资产。而外部投资，或称为对外投资，是企业通过现金、实体资产、无形资产等手段，或通过购买股票、债券等金融工具，向其他经济体进行资本输出的行为。通常情况下，内部投资属于直接投资，外部投资则大多数是间接投资，但有时也会以直接投资的形式出现。在企业间横向经济协作日益紧密的背景下，对外投资在企业战略中的重要性逐渐凸显，其战略价值也逐步提升。

（三）影响投资的因素

1. 筹资能力

投资是资金筹集的终极追求和核心目标，而资金筹集则扮演了对投资具有约束力的角色。筹集资金的规模和时点不仅受投资需求的引导，还受到众多因素的制约和影响，如金融市场波动的变化、投资者心理预期的转换等。若企业在遇到优质的投资机会时无法迅速筹集必要的资金，就可能错失这些投资时机。因此，企业必须具备强大的资金筹集能力，这样才能确保不错过任何一个投资良机。

2. 投资动机

企业在投资过程中的核心目标是追求投资回报的最大化。一旦筹资的稳定性得到保障，投资回报的高低便成为评价和认可投资方案的关键因素。投资者须积极收集并整合多样化的信息资源，擅长对市场进行深入分析，并在金融市场上探寻可能的投资机会。在决策时，投资者应避免因犹豫不决而错失良机，同时也要避免未经深思熟虑的盲目投资。

3. 投资风险

投资风险源于环境变化带来的不稳定性，可能会造成投资损失或收益不理想。企业必须树立风险管理观念，对各种风险的潜在发生概率及其对投资回报的可能影响进行评估。同时，构建高效的风险预警和防控机制极为关键，旨在及时规避潜在风险。一旦风险不可避免地出现，企业应迅速采取措施，力求把损失减少到最小程度。

4. 投资成本

企业在制定投资决策时，最优先考虑的是投资的成本问题。这个成本包括了从投资项目的分析、决策制定到资金回收整个环节的所有开销。投资成本的多少直接决定了企业能够获得的回报多少。所以，在投资分析的这个阶段，企业务必要把投资成本当作一个核心的评估因素。如果投资成本超出了预期的收益，那么这项投资就失去了它的经济价值。

5. 投资管理和经营控制能力

对外投资管理较之内部投资管理更为复杂，涉及众多不确定因素，使得管理难度显著增加。企业在进行外部投资前必须慎重考量，全面评估自身的投资管理能力和经营掌控水平。如果投资规模和领域超出了企业的管理能力范围，不仅无法实现预期的收益，还可能导致企业陷入经营危机，甚至在极端情况下，引发企业破产的风险。

6. 投资环境

投资环境包括企业内外所有影响其投资决策的各类要素。企业所有的投资决策均在这一环境下形成并执行。在当前市场经济体制下，投资环境表现出高度的复杂性和多变性。因此，企业在进行投资活动时，必须对投资环境进行细致的分析和准确的把握。

二、网络对企业投资环境的影响

随着网络技术的产生和发展，企业在内外部环境中面临着多方面的变化，这些变化进一步影响了企业的投资策略。为了达到理想的投资效果，企业必须充分认识这种环境下投资活动所具有的特殊性质。

（一）网络技术的产生和发展对社会文化差异产生的影响

在互联网的连接下，“你”与“我”之间的距离被大大缩短，地域的隔阂变得不再那么明显。信息技术的飞速发展，使全球信息的传播变得前所未有的快捷，投资者可以轻松进入世界各地的市场，拓宽了投资的全球视野。然而，在这股全球投资浪潮中，文化差异成为企业必须面对的挑战之一。跨国企业中的员工虽然同属一个组织，但可能来自不同的文化背景，拥有各自独特的价值观、思维习惯和行为准则。例如，美国企业强调员工的主动参与和个人主义，而日本企业则更重视团队合作和集体发展。显然，那些在本土文化中行之有效的管理模式，在异国他乡可能会失效。

然而，互联网不仅推动了世界的融合，也促进了不同文化之间的理解和交流，加深了相互之间的认同感。通过网络，我们可以迅速接触到不同民族和国家的文化特色，了解他们的思维逻辑和价值观念，这为跨国投资提供了极大的便利。因此，企业在进行跨国投资时，必须首先深入了解和把握目标国家和地区的文化差异，并且要灵活适应，尊重当地习俗，这是跨国投资取得成功的重要一步。

（二）网络技术的产生和发展对管理差异产生的影响

随着互联网技术的飞速发展，跨国投资活动得到了极大的促进，但同时也面临着跨文化管理的挑战。举例来说，我国的管理模式较为注重人际关系和人情味，而西方的管理风格则更加强调法治精神，呈现出规范化、制度化、条例化的特点，这确保了其管理的有序性和高效性。当这两种管理方式相遇时，难免会产生冲突。因此，在进行跨国投资时，调整和优化管理策略显得尤为重要。通过网络技术的应用，企业可以实现对远程项目的实时监控，有效克服地域限制带来的监控难题。同时，针对不同国家和地区的文化特点，采取量身定制的管理方法，不仅是确保跨区域投资管理质量的关键，也是降低管理成本的重要途径。

（三）网络技术的产生和发展对企业选择投资机会产生的影响

企业在进行投资活动的起始阶段，必须审慎选择适宜的投资机会。选择投资机会的过程，需要企业深入洞察自身的实际情况和外部环境，同时准确把握商业机会。商业机会常常与外部环境的变化紧密相关，这些变化之中蕴藏着无限的商业潜力。伴随着网络技术的进步，企业搜集信息的能力大幅提升，可以快速获取并分析信息，从而大大提高了企业在选择投资机会时的效率和成效。

三、网络对企业投资方式的影响

企业在作出投资选择时，通常会依据投资路径的不同，将其分为内部和外部投资两大类别。内部投资主要关注于固定资产的购买和流动资金的配置，外部投资则包括了股票及金融资产等投资方式。企业在进行投资决策时，往往需要考虑多种因素，而当前网络技术的快速发展，已经成为影响企业投资决策的一个重要因素。

1. 通过构建虚拟企业的模式，进行产权方面的投资活动

在传统商业模式中，企业为了稳固与供应商及分销商的合作，常常采取纵向一体化战略。该战略通过投资、控股或兼并等手段，使企业能够掌控原材料、半成品或零部件的供应及分销渠道，建立起以产权为基础的稳定合作关系。然而，随着网络时代的到来，企业经营环境发生了翻天覆地的变化。面对变化莫测的买方市场，预测未来市场变得极具挑战性。在这种环境下，企业要保持竞争力，必须具备快速捕捉市场新机会的能力，而传统的纵向一体化模式已无法满足这种需求。

在纵向一体化模式下，企业与供应商、分销商的合作关系相对固定，这种稳定性是为了应对过去的市场机会而形成的。一旦市场机会发生变化，或企业需要抓住新的、更有利的市场机会时，企业更倾向于组建虚拟企业，进行产权投资，与供应商和分销商建立合作关系，形成利益共享的共同体，构建战略联盟。当市场机会消失时，解除这种合作关系在时间和成本上都比纵向一体化模式要低得多。

此外，网络技术的飞速发展为企业在寻找合作伙伴方面提供了更广阔的空间。企业可以更轻松地在全球范围内寻找最合适的供应商和分销商，快速响应市场变化，灵活调整合作模式，从而更好地应对市场挑战。

2. 无形资产在投资中的占比呈现上升趋势

网络经济的核心特性决定了它在企业资产组合中占据的特殊位置。随着知识资产如知识产权、品牌、人才和产品创新等在企业总资产中比重的不断上升，这些无形资产已经逐步成为企业快速增长的主要动力，并在生产和再生产过程中扮演了至关重要的角色。网络技术的出现和发展促使企业不断调整资本配置，充分运用知识资本进行价值创造，并积极挖掘知识资本内部的盈利潜能。

3. 金融投资领域证券投资的占比呈现上升趋势

在互联网时代的背景下，证券交易的便利性和资产证券化趋势日益增强，使得企业在选择投资方式时更倾向于金融资产的投资。可以预见，企业在股票、债券等金融领域的投资在其总投资中的比重将明显上升，这主要归因于以下几个因素。

第一，网络技术在降低成本方面的优势显著。较之传统的证券交易方式，券商作为交易中介在运营过程中往往会产生较高的交易成本。而在网络化的证券交易新模式下，这些成本得到了大幅度的降低。

第二，网络技术的快速发展和便捷性极大地促进了企业进行证券投资的效率。企业无论身处何地，都能随时通过高速的网络技术轻松获取所需信息，进而高效地完成证券交易。这一便利性正是推动在线证券业务迅猛增长的关键因素。

第三，网络技术为企业在证券投资领域提供了高效的信息获取途径。在做出证券投资决策前，企业需搜集大量的决策相关信息。得益于网络证券业务的兴起，企业现在可以通过网络技术，即时获得经过深入分析和研究的最新证券投资信息，这一获取信息的方式大幅提升了企业投资决策的效率与质量。

四、网络对企业投资决策的影响

在企业众多决策中，投资决策扮演着极其关键的角色。企业最大的失误莫过于投资决策的失误。若投资决策出现严重错误，企业有可能步入经营困境，甚至濒临破产边缘。因此，财务管理的一项重要任务就是向企业提供准确的咨询服务，确保投资决策的质量得到严格控制。

（一）网络技术的产生和发展对投资决策方法的影响

企业在制定投资决策时，通常会运用多种决策技巧，这些技巧主要分为定性和定量两大类。定性方法主要依靠企业管理者的个人直觉和丰富经验来选定投资项目。相对地，定量方法则采用数学模型和公式来分析和解决决策问题，它通过构建反映不同因素及其内在联系的数学模型，并通过这些模型的计算与分析，来确定最佳的投资方案。

随着决策方法的发展和运用，定量决策手段得到了迅速地发展。采用定量分析对决策问题进行评估，可以大幅提高决策的效率和准确性。在企业投资活动日益频繁、涉及的变量因素不断增加的当下，企业在进行投资决策时必须考量越来越多的变量。在这种形势下，定性决策方法的影响力有所降低，而定量决策方法的重要性则逐步上升。

随着互联网环境的日益成熟，企业在进行投资决策时受到的影响因素越来越多样化，这些因素彼此交织，其影响和作用机制亦趋复杂。传统的定性分析方法在应对与网络环境紧密相关的决策问题时，其适用性正在逐步缩减。定量决策方法因其科学精确和抵御主观干扰的特点，在互联网技术快速发展的背景下，获得了更加广泛的应用领域。互联网技术的不断进步为定量决策方法提供了增强决策准确度的技术支持，这预示着在网络时代，定量决策方法将面临更加广阔的应用空间。

（二）网络技术的产生和发展对相关投资决策信息的影响

企业要想做出明智的投资选择，必须充分掌握相关的信息资源。在过去，搜集投资决策所需的信息是一项既艰难又成本高昂的工作。但如今，得益于网络技术的发展，企业可以更加迅速和高效地获取决策相关信息，并且显著减少了成本投入。网络技术的不断进步，不仅促进了企业投资决策的科学化，还为决策的精

准性和质量提供了坚实的信息基础。

（三）网络技术的产生和发展对相关投资决策者的影响

在当今互联网经济时代，企业投资不再囿于单一行业，而是趋向多元化发展。这就要求决策者在进行投资活动时，不仅要拥有丰富的知识储备和高雅的文化修养，更要深入理解投资活动的本质，以便做出科学和合理的决策。如果个人的知识水平无法满足特定投资决策的需要，那么组建一个专业的决策团队来应对复杂的投资项目，就显得尤为重要。

在互联网经济时代背景下，投资者需充分掌握网络经济的运作逻辑。他们应当培养跨学科的综合素质，并具备优秀的团队合作精神。这样的素质和能力，已经成为互联网经济时代对投资决策者的新型基本要求。

第四节　网络财务风险管理

一、财务风险的概念与分类

（一）财务风险的概念

财务风险指的是企业在开展财务运作过程中，因众多不可预见和难以驾驭的因素，可能会导致实际财务成效与预设的经营目标之间产生差异，从而使企业面临可能带来损失或意外收益的不确定状况。作为企业运营管理的核心环节，财务活动在资金的筹集、长短期的投资决策及利润的分配等多个方面，企业都可能遭遇财务风险。

（二）财务风险的分类

财务风险按照其来源主要可以分为三个类别。

1. 筹资风险

筹资风险是指企业在筹集资金时面临的一系列财务不确定性，这些不确定性主要源于资金市场供需状况和宏观经济环境的波动。具体而言，这种风险包括几个主要方面：第一是利率风险，这是由金融市场资产价格波动导致的筹资成本变动；第二是再融资风险，它可能源于金融工具和融资方式的变化，或是企业不合理的资本结构，使得再融资存在不确定性；第三是财务杠杆效应，即企业使用借款等杠杆融资手段可能带来的收益波动；第四是汇率风险，指的是汇率变动对企业外汇业务利润的影响；第五是购买力风险，这涉及货币价值变化对筹资活动的潜在影响。

2. 投资风险

投资风险指的是企业在资金投入过程中，因市场需求的不确定性而可能导致实际收益与预期收益出现差异的可能性。企业的外部投资主要分为直接投资与间接投资两种形式。直接投资指的是企业将资金直接投入生产活动中，将货币资产转化为实体资产的过程。相对地，间接投资则是通过购买股票、债券等有价证券，将货币资产转化为金融资产的行为，主要涵盖股票投资和债券投资两种方式。股票投资意味着投资者与公司共同分担风险、共享利润；而债券投资则不直接介入被投资企业的财务运营，投资者仅按期获取固定的利息收益，其来源主要是利息，但存在债务人可能无法偿还本金和利息的风险。投资风险可以进一步划分为利率风险、再投资风险、汇率风险、通货膨胀风险、金融衍生品风险、道德风险及违约风险等多个维度。

3. 经营风险

企业在日常运营中面临的风险，通常源于供应、生产、销售等多个环节的不确定性因素，这些因素可能导致资金流动减缓，从而影响企业的价值波动。这类风险主要可分为四类：采购风险、生产风险、存货变现风险及应收账款变现风险。采购风险主要来自原材料供应商的不确定性，可能引发供应短缺，或者由于信用条件和支付方式的改变，导致付款期限与常规不符；生产风险则与信息、能源、技术、人员等方面的变动密切相关，可能造成生产流程的调整，或者因库存不足而面临停工或销售缓慢的问题；存货变现风险与产品市场需求的变化有关，可能导致产品销售不畅；而应收账款变现风险则与赊销业务量的增加有关，可能会增加应收账款的管理成本，或因赊销政策的调整，使得实际回收期限与预期出现差异。

二、财务风险的成因

企业在经营过程中会遭遇多种财务风险，这些风险既来源于外部环境的复杂性，也受到内部运营情况的影响。各类财务风险的形成因素各不相同。一般而言，可以将企业财务风险的成因大致概括为以下几个主要方面。

（一）财务管理宏观环境的复杂性

企业在经营过程中面临的财务风险，很大程度上受到外部宏观环境的复杂性影响。这个环境是不断变化的，既蕴含着给企业带来利好机遇的可能，也存在着对企业构成严峻考验的风险。若企业的财务管理机制缺乏足够的灵活性，不能及时调整以适应这些不断变化的外部条件，企业将不可避免地面临风险。宏观环境涵盖经济、法律、市场、社会文化及资源等多个领域，这些外部因素虽然独立于企业之外，却对企业的财务管理产生重大影响。

（二）财务管理人员对财务风险的认识不足

财务风险是财务活动中固有的客观现象，财务运作在任何时候都无法避免与之相伴的风险。然而，在现实操作中，许多企业的财务管理者对风险的认识并不充分。他们对风险意识的缺失，已成为引发财务风险的重要因素之一。

（三）财务决策未遵循科学原则，导致决策出现偏差

在企业财务管理实践中，经常依赖个人经验和主观判断来制定决策，这种情况往往难以避免决策失误，并可能导致财务风险的产生。因此，推进财务决策的科学化进程，是避免决策错误、确保财务管理稳健的核心所在。

（四）企业内部财务管理职责不明确

企业内部财务管理混乱是引发财务风险的主要原因之一。在公司及其下属部门，以及与上级公司之间，资金的管理和使用、利润的分配等方面常常出现责任不明确、管理力度不足的问题。这些问题不仅降低了资金的使用效率，还可能导致资金大量流失，无法确保资金的安全与完整。这种情况在众多上市公司中尤为常见，比如一些集团公司的母子公司之间财务关系混乱，资金使用缺少必要的监督和控制。

三、网络对财务风险管理的影响

随着互联网技术的飞速进步和广泛应用，信息技术的不断革新与全球经济一体化的深入发展正在引领经济环境的深刻变革。在这个过程中，企业面临的财务风险变得更加多元和复杂。网络因素对财务风险管理的渗透和影响力度逐渐增强，因此在当今网络环境下，财务风险管理在企业综合运营管理中的地位和重要性越来越突出。

（一）网络对筹资风险管理的影响

筹集资金对企业而言，是启动和扩展业务的关键步骤，目的在于促进业务增长和提升经济回报。但在网络经济背景下，市场环境充满变数，企业间的竞争也更为激烈。企业若在决策或管理上出现疏漏，筹集到的资金效益将承受很大的不确定性风险，这不仅会制约投资活动的实施，还可能对企业日常运营产生不良影响。企业筹资可以根据资金来源的不同，分为债务融资和股权融资两大方式。

1. 负债性筹资

负债性融资蕴含着双重风险：一方面，它可能会降低公司股东的利润；另一方面，它也可能让企业陷入财务困境，甚至濒临破产的边缘。由于负债性融资要求定期支付固定利息和到期偿还本金，这在网络环境中使得其风险相较于传统经

济条件下的风险更为多样化和复杂。

（1）随着互联网技术的发展和进步，汇率波动变得更加频繁。在全球网络化经济格局中，经济一体化的趋势愈发清晰，企业的竞争已经从局部扩展到了全球层面，国际资本流动的速度也在不断加快。企业筹集资金的策略和渠道不断更新，借助网络技术的便利性，它们可以轻松地向外资银行申请贷款或发行债券，吸引国际资本投入，有效地解决资金不足的问题。然而，网络技术在为企业获取国际资本提供便利的同时，也带来了汇率市场波动的不确定性。汇率的频繁变动，对企业产品的销售量、定价及成本等主要财务指标产生了影响。这种波动可能会在短期内导致企业利润的增减，增加了企业面临的财务风险。在当前的网络经济时代，企业需要密切关注货币政策的调整，实时获取国内外金融市场的利率和汇率信息，以便做出更为正确的财务决策。

（2）随着网络技术的发展和电子商务的广泛运用，企业的经营战略和运作模式经历了深刻的变革，这些变化使得企业在生产经营过程中遭遇了更多的不确定因素，这些因素又直接或间接地影响了企业的投资回报率。网络技术的革新使得投资回报率和借款利率的波动更加剧烈。当企业的投资回报率高于借款利率时，通过财务杠杆的作用，企业的净资产收益率有望增加；但是，如果投资回报率低于借款利率，企业利用借入资金可能会造成净资产收益率的降低，甚至引发亏损。在当前的网络商业时代背景下，企业面临的债务融资风险变得更加难以预料。因此，在决定是否借款时，企业需要全面考虑投资回报率与借款利率的比较，并作出明智的选择。

2. 权益性筹资

权益性融资主要采取两种途径：内部留存收益和股票市场融资。企业通过使用留存收益来筹集资本，可以动用自身的利润积累，这种方式的财务风险相对较小。而通过发行股票融资，则表现出极大的灵活性，筹集到的资金通常被视作企业的长期资本，企业不必承担偿还本金或支付利息的压力，对现金流的冲击也相对较小。企业可以根据自身运营情况来决定是否分配股息以及分配多少。随着国际资本市场的日益繁荣，许多企业倾向于通过在海外发行股票来筹集资金。全球竞争的激烈促使企业更深层次地融入全球经济一体化。然而，全球经济环境的复杂性也为跨国融资增添了不确定性和财务风险。

（二）网络对投资风险管理的影响

企业投资的根本目的是追求利润的增长，但在进行投资或结束投资的过程中，投资者可能会遭受亏损，导致投资难以收回，进而使企业面临收益预期落空的风险。由于企业采取的投资方式各不相同，它们所遭遇的风险因素也各有特点。

1. 实物投资

在网络经济时代，实物资产投资所面临的风险正日益增多，既受制于国内宏观经济状况，又受到全球经济环境的影响，这一现象越来越明显。随着我国市场开放程度的提升，国际商品纷纷涌入，加之技术迭代速度加快，部分产品市场出现供大于求的局面，使得投资回报率持续下降，这一态势似乎难以改变。因此，实物投资的资金回收期限被迫延长，进而导致投资风险的增加。

2. 资本投资

随着网络技术的发展，企业的经营活动已不再局限于国内，而是逐步迈向全球化，资本项目的开放程度也在不断加深，与国际金融市场日益融合。企业的运营行为与国际市场的联系越来越紧密。但是，相较于国内市场，国际市场的波动因素更为复杂，如汇率波动、通货膨胀率变动、贸易条件调整及金融市场的动荡等。这些复杂多变的不稳定因素使得企业通过资本投资这一间接投资方式所获得的收益面临着更大的不确定性，进而显著增加了企业的投资风险。

（三）网络对经营风险管理的影响

随着网络技术的飞速发展和广泛应用，企业不仅实现了成本的显著降低和效率的大幅提升，而且为了满足客户多元化的需求，这种创新的商业模式已成为企业发展的必然选择。然而，这一转型也使企业面临了新的风险与挑战。

（1）在当今网络经济的背景下，企业将满足客户需求置于生产经营的中心位置，这一转变颠覆了传统的销售方式，并让企业的资金流动管理变得更加繁复。面对这样的变化，企业需加强生产经营管理，深度挖掘客户需求，紧密追踪市场动态，并采取正确的营销策略，这样才能提高产品的销售量，有效减少经营过程中可能遇到的风险。

（2）随着网络技术的发展，商品采购流程变得更加繁杂。面对消费者需求的多元化，企业难以全方位满足每位客户的个性化需求。这迫使企业针对各类客户需求对产品进行精准划分，以便覆盖更广泛的消费市场。这种策略使得企业在采购商品时面临更多挑战，难以享受到大批量采购的折扣优惠，从而导致采购成本增加，同时也加剧了企业的经营风险。

（3）随着互联网技术的进步和成熟，企业在信息化建设上的资金投入不断上升。网络技术的革新带动了全球性的变革，网络购物和消费已经成为全球趋势。企业的销售渠道不再受限于实体店面，通过网络平台，商品可以轻松地跨越国界，进入国际市场，消除了地理障碍。这一变化要求企业加强信息化建设，加速信息化步伐，吸收前沿理念以改进业务流程，从而提高企业的盈利水平。虽然信息化升级为企业带来了利润增长，但它同时也增加了成本支出，可能导致资金紧张，进而提高了企业的经营风险。

（4）在互联网技术迅猛发展的今天，企业在拓展产品销售渠道的同时，面临着生产经营的新挑战。依托网络经济的广阔舞台，企业的市场布局已跨越地域限制，需向全球范围延伸。然而，各国文化背景、宗教信仰和生活习俗的巨大差异，使得各地对产品的需求明显不同。企业必须根据当地市场的特点，制定个性化的营销策略，并对产品进行适应性调整。这种做法在提升销量的同时，也使得企业的经营风险有所增加。

（5）在互联网技术迅猛发展的今天，企业在享受网络系统便捷服务的同时，也面临着不少安全挑战。网络财务系统的开放性与企业对财务信息保密的严格要求之间，存在着固有的矛盾。随着工作环境的电子化，传统的纸质文件已被电子文档取代，但由于缺少了传统的签字验证方式，确保信息真实性的难度加大，安全风险也随之提高。同时，计算机系统的易受攻击性使其容易受到黑客侵袭和病毒感染，这些安全威胁不仅可能损害企业的财务系统，也导致了企业网络维护成本上升，增加了财务管理的不确定性。

第五节　网络运营资金管理

在市场经济体制下，资金对于企业来说就像维持生命的水一样宝贵。为了持续发展和生存，企业必须有能力筹集、控制并高效利用一定数量的资金。其中，营运资金发挥了极其重要的作用。营运资金实质上包括了所有流动资产和流动负债的项目，它反映了企业在短期内财务活动的总体状况。更具体地，营运资金就是企业的流动资产总额减去流动负债总额后的结果。

在企业财务管理领域，营运资金的妥善管理扮演着关键角色，其核心在于对流动资产与流动负债的有效控制。鉴于篇幅的限制，本书将重点分析网络化对企业流动资产中的现金、应收账款及存货管理带来的影响，并对流动负债方面的应付账款和短期借款管理进行概要阐述。

一、网络流动资产管理

（一）流动资产概述

1. 流动资产的概念及其特点

流动资产主要指的是那些在一年或一个营业周期内能够转换为现金或被使用完毕的资产。即便某些公司的产品生产周期超过一年，导致原材料等生产资源的变现时间有所延长，这些资产依旧被划分为流动资产。流动资产主要包括现金、短期投资、应收账款和存货等。对企业来说，维持一定量的流动资产是保

障正常运营的重要条件。流动资产与其他类型的资产相比，具有一些其特有的性质。

（1）循环迅速，流动性高。流动资产指的是那些在较短时间内能够被使用或变现的资产。这类资产通常在一个经营周期内可以完成一次完整的转换过程，从现金出发，经过不同形态的转换，最终再次转化回现金。在流动资产中，现金可以立刻转换为其他任何资产形式，而其他流动资产在常规情况下也相对容易变现。流动资产之所以具备快速周转和高效变现的特性，是因为它们在经历一次形态转换后，可以迅速变回现金，从而实现价值的回归和补偿。

（2）形态各异，频繁转变。企业在运营过程中，流动资产起初以货币形式开始，然后通过采购、生产、销售环节，逐渐转变为原材料、在制品、成品和应收账款等不同形态。这些流动资产在企业内部并存，并保持一定的数量比例，以保证资金流转顺畅和业务正常进行。

（3）数量波动较大，稳定性较差。企业流动资产的大小会受到外部和内部环境的变化而产生显著波动，其数值经常出现上下浮动。在全年时间跨度内，能够做到业务量始终保持稳定的企业少之又少，大部分企业的运营都存在一定的周期性波动，业务量在不同时期会有所上升或下降。

2. 流动资产的分类

流动资产按照其存在的形态，可以分为现金、短期投资、应收账款、预付款项及库存商品等几个主要类别。

（1）现金。企业持有的货币性资产包括库存现金、银行存款及其他货币资金等，它们在企业的流动资产中流动性最强，可以随时支付使用，也能迅速融入市场流通。企业如果拥有较为充足的现金储备，通常意味着其具有较强的偿债能力。

（2）短期投资。企业所持有的可随时变现的证券，或期限不超过一年的短期对外投资资产。

（3）应收和预付款项。在企业日常运营过程中，经常会遇到一些尚未回收的应收款项和预先付出的资金。这些资金形成了企业的债权性资产，包括但不限于应收票据、应收账款、其他应收款以及预付账款等。

（4）存货。在企业的日常经营活动中，会储备各类用于销售或生产所需的资产，包括成品、半成品、在制品、原料、低值易耗品、燃料及包装材料等。作为流动资产的核心部分，存货通常占据较大的比重。

（二）网络现金管理

1. 企业持有现金的目的

企业持有现金通常是基于以下几种考量。

（1）在企业的常规运作中，确保生产和销售流程的顺畅是关键，这就要求企业必须维持一定的现金储备。产品销售所得的收入并不总是能迅速转化为现金，而原材料购买、员工薪酬支付等日常开支却需要立即以现金形式支付。因此，企业需确保拥有充足的现金储备，以保证生产活动不受干扰。虽然在运营过程中，现金的流入和流出可能同时出现，但企业很难做到在任意时刻都保持现金收支的完全平衡。为此，企业需保持一定的现金余额，以备不时之需。在处理现金收支方面，企业应努力实现收支同步，从而降低为满足交易需要而必须保留的现金数量。

（2）企业为了应对突发事件可能引发的现金需要，通常会储备一定量的现金，这就是所谓的预防性动机。企业在预测现金需要时，一般会基于正常运营的情况来考虑。但是，不可预见的因素如自然灾害、生产事故等，可能会扰乱企业的现金流，打破原有的收支平衡。因此，如果企业的现金收支预测越准确，现金流量的不确定性就越小，企业的临时借款能力就越强，相应地预防性现金储备就可以减少。反之，如果预测存在较大的不确定性，企业就应该适度提高预防性现金的储备量。

（3）投机动机是指企业持有现金是为了捕捉高收益的投资机会，以期获得投资回报。在企业面临的外部环境中，机遇与风险往往并存。若企业经营者对证券市场的价格波动有充分了解，并能较为准确地预测价格变动，他们可以在价格低迷时购入股票或债券，在价格高涨时卖出，以实现盈利。然而，错误的预测可能导致企业遭受损失。实际上，对于大多数企业来说，因投机目的而持有大量现金并不划算。因此，除非在特定情况下，企业应尽量降低基于投机动机的现金储备。

企业的现金管理关键在于精准控制现金存储量。在确保日常业务现金需要得到满足、降低运营风险的同时，企业还需避免现金资源的过分闲置，旨在最大限度地提高收益。

2. 现金管理的方法

在进行现金管理的过程中，企业通常会实施一系列策略，主要包括协调现金的流入与流出，以实现同步性；充分利用现金浮游量，提高资金效率；以及加速应收账款的回收，以优化现金流。

（1）在日常运营过程中，企业往往面临着现金流入和流出金额难以准确预测的问题。为应对这种不确定性带来的风险，企业通常会保持比最佳现金持有量更

多的余额。但为了避免由此带来的额外成本，企业的财务管理部门需要不断提高预测的准确性和管理效率，力求让现金流入与流出达到有效同步。通过现金流量的同步，企业可以减少现金余额，降低持有成本，进而提高盈利水平。

（2）企业进行支付、收款及银行转账时，常常会出现账簿余额与银行余额不符的情况，这主要是由于现金浮游量的影响。为了优化现金运用效率，企业必须准确预测并妥善处理这种时间差，从而对现金浮游量进行高效的管理。

（3）为了提高销售业绩，企业常常会对客户放宽付款期限，这种做法虽然能增加销售量，但同时也使得企业无法迅速获得可支配的现金流。为确保应收账款能够按时转换为现金，企业在保持与客户良好合作关系的基础上，必须采取有效策略，例如慎重选择开户银行、制定适宜的应收账款信用政策等。这些措施有助于加速应收账款的现金回收。

3. 网络对现金管理的影响

（1）随着网络技术的发展，企业现金的组成形态发生了明显的演变。现金不再仅限于企业持有的现钞，而是扩展到了各种银行存款、银行本票、汇票以及在途中的资金。金融市场技术的更新换代深刻地重塑了企业现金的存在形式。在互联网环境下，电子货币的普及带来了企业现金形态的显著变革。得益于电子货币的便捷性，企业现金库存明显减少，而银行本票和汇票的应用变得更加频繁。同时，金融机构之间的资金流转速度大幅提高，资金在途时间大幅缩短，进而导致企业现金构成中在途货币资金的比重下降。

（2）随着互联网技术的兴起与进步，企业在现金管理方面的策略亦随之更新。在传统模式下，企业现金成本主要由持有成本、转换成本和短缺成本三个部分构成。具体来说，持有成本涵盖了企业为保留现金所需支付的管理费用，以及因未将这部分资金投资于其他领域而丧失的潜在收益。转换成本发生在现金与其他资产如证券之间的转换过程。短缺成本则是指企业在现金储备不足时，可能由于无法及时将其他资产转换成现金而面临的损失。网络技术的深入应用对这三种成本产生了显著影响。在电子货币广泛使用的网络时代，企业对现金的依赖性减弱，库存现金量相应减少，这直接减少了企业在现金保管和安全方面的费用，即降低了持有成本。同时，网络技术在证券交易中的应用大大降低了转换成本。因此，企业在制定现金管理策略时，可以更多地考虑减少现金持有量以降低持有成本，并且需要更加重视短缺成本，以保障企业运营的资金流动性。

（3）在传统的财务管理模式下，大型企业集团由于旗下子公司和分公司遍布各地，每个独立单位都持有各自的现金储备，常常导致集团内部现金供需信息的即时交流不畅。但是，随着网络技术的快速进步和广泛应用，企业集团能够搭建起内部局域网络，从而实现成员企业间现金流动信息的即时共享。这一技术革新使得企业集团能够实行现金的集中统一管理，根据整体运营状况来决定最佳的现金储备水平。总体来说，集团层面的现金储备量可能会高于单个企业，但相比所有子公司现金储备的总和要低得多，这不仅大幅降低了现金的持有成本，也减轻了管理的压力。在集团实施现金统一管理后，各成员企业可以更加专注于他们的核心业务活动。

（4）随着网络技术的发展，企业在进行现金预算编制方面经历了明显的变革。企业必须保持适量的现金储备以防范可能的资金短缺风险，又不希望让大量现金停留在低收益水平。现金预算作为一种有效的管理工具，能够帮助企业预测并控制现金流，实现资金流动的灵活管理。在过去，由于现金供需信息存在延迟，编制现金预算往往需要较多时间，这会对预算的准确性产生影响。而现在，网络技术的应用极大改进了这一状况，企业可以快速、方便地获取包括产品销售回款、原材料采购、工资支付等在内的现金流信息。因此，企业能显著缩短现金预算的编制周期，这不仅提高了预算编制的准确性，也为管理层提供了更加实时和有效的决策支持。

（5）企业为了优化现金运用效率，在收支管理上常常实施一系列策略，如现金流量的协调同步、合理利用现金浮游量以及加速应收账款的回收等。这些方法能够显著提升企业的现金使用效率和盈利水平。但随着网络技术的广泛应用，这些传统策略所带来的效益和影响正在逐渐转变。

①为了确保现金流量的一致性，企业的财务部门必须具备出色的预算制定和财务管控能力，并且要合理安排现金的流转。在互联网的助力下，企业能够迅速而方便地获取大量与现金流量相关的数据，这些数据对于提高企业现金流量预测的准确性至关重要。因此，企业为了提升预算编制的准确性，需收集更多与现金流量相关的数据。数据掌握得越全面，预测的准确性越高，制定的现金预算也就越科学合理，从而更有效地达到现金流量的协调。另外，财务管理部门可利用企业内部局域网实时跟踪各部门的现金使用情况，并据此调整现金资源的分配，以优化现金的流入和流出管理。

②正如之前所述，现金浮游量的出现主要源于企业在与银行进行资金转账时存在的时间差。这种时间差通常是由于信息在企业和银行之间传递过程中出现的延迟所致。但在互联网技术迅猛发展的今天，通过利用先进的网络技术，银行和企业能够实现资金划拨信息的实时、高效传递。因此，在互联网时代的背景下，现金浮游量原有的作用正逐步降低。

（三）网络应收账款管理

1. 应收账款管理的目的

在企业进行产品销售或提供服务的过程中，若允许客户延迟支付款项，则

会形成一项重要的流动资产——应收账款。这一资产对于企业开拓市场、提高市场份额及增强行业竞争力具有重要作用，并且对于保障企业运营的稳健性至关重要。本质上，应收账款是企业为了扩大销售量和增加盈利所进行的一项投资活动。因为它依赖于商业信用，所以加强信用管理显得尤为关键。应收账款管理的核心目标，在于充分发挥其在提升竞争力和促进销售增长方面的作用，同时致力于减少投资的机会成本、坏账风险和运营成本，以期达到应收账款投资回报的最大化。

2. 信用政策

信用政策是企业为向客户进行赊销服务所制定的一系列规则、标准和程序。通过构建和执行这一政策，企业能够从被动的应收账款管理转变为主动的事前预防。该政策主要包含了信用标准、信用条件以及收账政策等多个方面的内容。

（1）信用标准

信用标准是指顾客想要获得商业信用必须满足的最低要求，这一标准一般通过预测坏账损失比例来具体体现。

在确定信用标准时，企业会对客户进行深入调查，以评估其信用水平，并据此决定是否提供信用销售及销售信用额度。这一过程涉及多种因素，如客户的信誉度、偿债能力、资金状况、担保物及宏观经济状况，这些因素被业界称为“5C”原则。综合考量这些要素后，企业可以通过定性分析、定量分析或两者相结合的方法来制定客户的信用标准。

（2）信用条件

企业根据对客户信用等级的评定，在接纳客户的信用订单时，制定相应的支付条款，即所谓的信用条件。这一条件主要包括信用期限、折扣期限、现金折扣三个要素。具体而言，信用期限是指企业给予客户的最长付款时间；折扣期限则是指客户在这段时间内支付款项，可以享受到现金折扣的优惠；现金折扣则是客户在提前支付款项时，所能获得的优惠幅度。

随着商业环境的不断变化，企业在信用管理上亦需灵活调整其信用条件。在制定信用政策的过程中，企业需谨慎权衡，确保在放宽信用条件后，由此带来的销售额增加所带来的收益，能够覆盖放宽条件可能引起的坏账损失。同时，还需确保新增应收账款的收益率达到企业的投资回报标准。

（3）收账政策

企业在面对客户未按信用条款履行付款义务，出现欠款或拒付情况时，会实施一系列的催收策略和行动，这被称为收账政策。如果企业采取较为积极的催收手段，可以减少应收账款的投资额和降低坏账损失，但这也可能导致收账成本的上升。反之，若企业采取较为保守的收账措施，可能会增加应收账款投资和坏账损失，但同时收账费用会有所减少。在实际操作过程中，企业可以参考设定信用标准和条件的方法，来制定和优化自身的收账策略。

3. 网络对应收账款管理的影响

网络技术的产生与发展显著改变了企业对应收账款的管理方式，尤其是在构建信用政策的过程中，这种影响表现得尤为突出，它主要体现在以下几个主要方面。

（1）随着互联网技术的发展，企业在评估客户信用等级方面发生了翻天覆地的变化。客户的信用等级作为衡量企业信用管理水平的主要因素，其变化往往与企业状况息息相关。在互联网技术普及之前，企业获取客户信息面临重重困难，信息收集不仅效率低、成本高，而且常常滞后，这些都对信用评估的准确性构成了挑战。而在互联网技术广泛应用的当下，企业可以轻松获取客户的详细信息，包括但不限于公司的注册资本、业务范围等基本信息，以及影响客户生存发展的外部环境因素，例如行业发展趋势和客户在行业中的位置等。企业还可以通过网络手段，与工商、银行等部门合作，搜集客户的信用历史。依托这些全面而实时的信息资源，企业能够更加客观、科学地对客户进行信用评估，设定适合自己需要的信用条款，并根据不同的信用等级设立信用风险预警线。通过建立和维护客户信用信息数据库，企业能够实时更新客户数据，调整信用等级，进而更有效地管理信用风险。

（2）在当前商品经济迅猛发展的背景下，企业销售活动常常不受地域限制，这让财务部门难以及时了解异地赊账的实际情况，进而难以满足企业对客户信息管理的需要。但随着网络技术的出现和进步，这一挑战得到了有效应对。利用网络平台，企业能够迅速将经济业务的详细数据传送给销售部门，实时更新应收账款的信息，动态地展现其实际状况。这不仅促进了业务人员与企业之间的沟通，也便于管理者进行有效管理和控制。管理层能够快速地将工作任务和重要信息传达给各个下属部门。通过网络技术，各个业务单元每日产生的业务数据和客户交往信息可以准确且自动地汇总到企业的数据库中，实现了内部数据汇总的自动化。同时，企业也能随时更新资源库中关于客户信用等级的信息。

（3）随着网络技术的发展，企业的账款回收成本受到了显著的影响。账款回收的效率成本，在很大程度上受到企业采取的收账策略的宽松或严格程度的影响。在传统方式中，企业催收应收账款往往依靠直接与客户沟通，例如通过电话和传真等方式进行。但在网络技术兴起的时代，企业更多采用电子邮件或电话进行催收，特别是电子邮件的使用，极大地降低了收账的成本。另外，通过网络平台，企业可以及时与客户交流，了解账款逾期未结算的具体原因。若客户因临时财务困难导致延迟支付，企业可以选择适当地放宽收账政策，避免不必要的法律

程序。这不仅有助于维护客户关系，而且在成本效益上更为优越。

（四）网络存货管理

1. 存货管理的目的

为了保障生产与销售的顺畅进行，企业需保持一定程度的库存，同时需考虑成本控制。适当的库存量可以增强企业在生产和销售中的应变能力。然而，库存过多则会造成资金占用过多，同时增加与库存相关的各种费用，可能会导致企业成本上升、利润下降。因此，库存管理的核心任务是在发挥库存作用的同时，尽量降低库存成本，达到库存效益与成本的最优平衡，以保持最佳的库存水平。企业在利用库存功能的同时，需要努力控制库存规模，降低库存成本，并加速库存资金的周转。库存成本主要包括储存成本、订货成本和缺货成本这三个部分。

（1）储存成本是指企业在保管库存时所需承担的全部费用，包括库房租金、物品搬运费、保险费以及因资金占用而产生的利息支出等。一般情况下，库存平均量的增加会导致储存成本的相应提高。

（2）企业为购买原材料或商品所承担的订货成本，包括了采购人员的差旅费、订货过程中的手续费以及商品的运输费用等各项相关费用。这类成本通常不直接与订单数量的多少挂钩，而是与订单发生的频率密切相关。

（3）缺货成本是指企业在存货不足的情况下，可能会遇到生产停工和销售约束等潜在风险所带来的损失。为了达到存货成本与收益之间的最优化平衡，企业必须在两者之间进行权衡。通过合理的存货管理策略，企业可以有效地减少与存货相关的各类成本。

2. 网络对存货管理的影响

企业运营效益的提升关键在于优化存货管理。存货管理效率的高低直接关系到企业的财务盈利。随着网络技术的进步，企业在存货成本控制上的订货成本及缺货成本实现了明显的降低。

（1）随着互联网技术的发展，企业在采购原材料或商品方面的成本出现了明显的下降。在互联网普及之前，企业采购通常需要通过电话或传真与供应商沟通，表达购买需求。一旦供应商有合适的产品，企业还需派出采购员到现场检查商品质量，并进行价格谈判。如果谈价不成功，企业就要重新寻找供应商，这个过程既消耗时间又耗费精力。在传统商业模式中，订货成本几乎无法避免。然而，在网络经济时代，这种情况有了很大的改变。企业可以迅速地在网上找到合适的供应商，通过实时在线交流，就价格等问题进行协商，直至达成双方都满意的结果。如果协商失败，企业也能迅速找到其他合作伙伴。网络技术的便利性不仅大大缩短了寻找供应商的时间，也显著降低了订货成本，使企业能更高效地采购所需商品，同时也节约了成本。

（2）随着互联网技术的发展，企业在应对库存短缺方面取得了显著的成效。在过去，为了规避缺货的风险，企业通常会保持一定量的安全库存，但这种方法同时也增加了储存成本。因此，寻找最优的库存管理策略，需要在避免缺货和降低储存成本之间找到平衡，以实现整体成本的最小化。在互联网时代，企业可以通过网络与供应商实现实时沟通，一旦库存达到安全水平，企业即可通过网络立即发出补货请求。供应商也能通过网络技术，通知距离购买企业最近的办公点或仓库及时发货。这样的流程大大缩短了从企业提出请求到货物送达的时间，降低了企业对安全库存的依赖，从而有效减少了缺货成本。

二、网络流动负债管理

（一）流动负债的概念及特点

流动负债是指需要在一年或者一个营业周期内偿还的债务。这类负债通常被称作短期融资，其特点在于较低的成本和较短的还款期限。

（二）流动负债分类

流动负债涉及诸多需要在短期内履行的债务责任，主要包括应付账款、短期借款、应付票据、应付工资、应交税费以及应付利润等项。

（1）应付账款是指企业在购买材料、商品或享受服务的过程中形成的待支付款项。

（2）短期借款是指企业借入的使用期限在一年以内（含一年）的资金，主要用以满足日常运营的资金需要，或是用来偿还特定的负债。

（3）应付票据指的是由出票人开具的，承诺在约定的日期到来时，付款人将不附加任何条件地向指定的收款人或持票人支付一定数额款项的书面承诺书。

（4）应付工资指的是企业在特定时间段内对员工应付的薪资总额，这一概念体现了企业对员工个人的负债义务。

（5）应交税费是指企业在一定时期内，根据其取得的营业收入和实现的利润，依照国家规定的税率所需缴纳的各类税费。在支付这些税费之前，这些款项暂时留在企业内部，形成企业的一项负债。

（6）应付利润是指企业在履行税法规定的纳税义务之后，仍需向投资者支付的利润份额。投资者享有获得企业在缴纳所得税之后所分配的利润的权利。

（三）网络应付账款管理

1. 应付账款管理的目的

对应付账款进行高效管理，对企业来说，是掌握资金流出的重要手段。企业

在管理应付账款时追求的核心目标，便是在维护企业信誉的基础上，尽可能地延长支付时间。这种延迟支付的行为，在实质上相当于增加了企业的流动资金，改善了资金流转情况。此外，在推迟支付的期间内，企业还可能获得一定的利息收入。

2. 网络对应付账款管理的影响

企业借助网络技术，能够定期对账目中的应付账款进行深入分析，并建立一套标准的付款程序。通过实施多样化的策略，比如实行账务抵消、优先偿还未清偿但有折扣的债务等手段，企业能够有序地清偿应付账款。对于那些无人追讨的款项，企业会进行详尽审查。确认这些款项确实无须支付后，它们会迅速被转入收入账户。网络技术的应用，不仅优化了应付账款的管理流程，还大幅缩短了采购周期，并有效减少了管理成本。

（四）网络短期借款管理

1. 短期借款管理的目的

在企业运营中，短期借款利息作为费用支出的组成部分，对企业的现金流产生重要影响。企业对短期借款的管理目标是，在满足短期资金需求和维持正常运营的前提下，尽可能地降低利息成本。

2. 网络对短期借款的影响

贷款资金的高效管理对企业财务健康至关重要。企业可以利用网络技术优化贷款合同的管理流程，确保利息计算无误，规划还款计划，并定期与银行核对账目，以核实借款余额和应付利息的正确性。一旦发现任何问题，企业应立即与银行沟通并寻求解决方案。同时，借助互联网技术，企业能够更合理地调配资金，例如通过用短期借款替代长期借款等策略，以降低财务成本。

这一章深入探讨了大数据网络技术如何实质性地改变传统财务管理的多个方面，包括筹资领域的环境变化、筹资途径及成本调整，投资领域的环境变化、投资方法更新以及决策流程的优化，同时涉及财务风险管理与日常运营资金的调整。在大数据时代网络经济背景下，企业为了保持其市场竞争力并实现可持续发展，必须主动融合网络技术这一管理手段，运用科学策略进行财务管理，以确保企业财务管理目标的顺利达成。

第四章　企业财务管理信息化实践

第一节　会计核算信息化

一、会计电算化

（一）会计电算化的核心构成要素

会计电算化的核心构成要素包括以下几点：

1. 对会计基本数据的维护和管控；
2. 总账系统的管理和运用；
3. 固定资产的管理以及折旧核算；
4. 对存货的监督与管理系统；
5. 应收账款与应付账款的管理工作；
6. 对现金及银行存款日记账的记录与监控。

（二）系统的核心功能

总账模块是会计电算化系统的核心组成部分，负责整个账务系统的全面管理。其功能范围广泛，包括账套设置及操作人员权限配置、会计科目和辅助核算项目的增减调整及其属性定义等。此外，总账模块还细致地管理往来单位、部门、职员和项目等相关信息，并处理日常的会计凭证操作，如创建、修改、删除、审核及过账等。该模块支持账册查询、预算编制与控制以及期末结账等一系列业务流程。它还能自动进行通用转账、损益结转及收支调整等工作，从而提高财务处理的效率和准确性。在数据管理方面，总账模块具备数据导入导出（含自动和批量导入）以及数据备份与恢复的功能，确保了数据的安全性和可访问性。通过这些综合性的功能，总账模块为企业的财务管理提供了坚实的基础。

会计科目设置允许灵活地进行动态级次调整；系统具备将科目进行拆分或合并的能力，无论科目是否含有期初或发生数据，均能自动调整相应数据。此外，

系统支持多币种和数量核算，提供了更为灵活的核算方式。单个科目可配置包括单位、部门、职员、统计、项目在内的五种辅助核算功能，通过与科目编码的配合，极大地扩展了辅助核算的潜力。系统还提供了批量复制科目的便捷功能，科目编码可采用数字或字母两种形式进行定义。

凭证管理系统提供了丰富的功能以优化会计凭证的录入和管理过程。用户可以通过定制凭证模板来自定义录入和打印格式，特别是对于金额数据，系统还支持语音报数功能，增强了数据输入的准确性和便利性。在输入凭证时，系统内置的智能计算器允许用户直接在借贷方金额栏中输入数字和运算符，系统自动完成计算并将结果填入相应的栏目中。如果摘要或科目内容超出预设宽度，系统会自动调整格式，将内容分为多行显示，并且在打印时能够自动缩放以适应纸张大小。

此外，该系统具备凭证冲销功能，可以自动生成冲销凭证，并通过编号进行快速查询。为了提高工作效率，系统还提供了分录复制、凭证复制及样板凭证等功能，方便用户快速录入。

在审核过程中，用户可以对错误凭证进行标记以便后续处理。对于往来科目，在输入凭证时可以直接进行往来核销；而对于现金或现金等价物科目，则可以直接分配现金流量。系统还能生成与工资发放、固定资产处理、采购销售库存等相关的业务凭证，并允许用户直接查看相关的业务资料。同时，系统支持凭证分册管理，便于组织和检索。

通用转账系统提供了强大的自定义转账功能，允许用户根据自身的业务需要量身定制转账公式。系统将依据这些个性化公式自动生成相应的转账凭证。该系统的数据来源广泛，包括财务总账、明细账、应收及应付账款、现金及银行账户、工资发放记录以及固定资产等多个方面。此外，系统可以直接从金算盘电子表格中导入数据并自动生成凭证，极大地提高了综合费用归集与分摊等工作的效率。

在设置转账公式时，用户可以根据具体需要设定各种条件，选择数据类型（如金额或数量）和币种。转账公式的组合方式灵活多样，能够适应复杂的业务场景。通过这些功能，通用转账系统不仅显著提升了财务处理的效率，还增强了数据处理的准确性和灵活性，满足了企业在不同情况下的财务管理需要。

期末结账系统配备了用户友好的向导界面，能够帮助用户轻松地完成整个结账流程中的各项账务处理工作。该系统会自动生成一份详尽的结账报告，其中包括资产与负债、所有者权益的汇总信息，以及业务运营情况的全面总结和详细的记账凭证列表。此外，系统还能自动执行一系列审核任务，如检查凭证编号的一致性、确认折旧费用是否已正确计提、验证期末汇率调整工作的完成度，并且核对损益账户的结转准确性等。为了进一步确保数据的安全性，系统还设置了自动备份功能，以防止数据丢失。

该系统具备处理多种货币的能力，能够对货币资金的收支进行集中管理。它能自动生成财务收支凭证，并定期进行银行账户的核对工作。此外，系统还提供了企业票据的全方位管理功能。内置了丰富的报表种类，包括但不限于收付款汇总及明细表、现金及银行日记账、未报销票据明细表和银行对账单，以满足企业的多样化需求。

应收账款和应付账款是企业资金流管理中的核心组成部分，对于维护企业的信誉及控制采购成本具有重要作用。有效的应收账款与应付账款管理涉及处理相关的收款和付款事务，并指导用户基于现有的各类应收、应付款项单据，高效生成相应的会计凭证。这不仅有助于加快资金周转速度，还能确保企业财务记录的准确性和及时性。

工资管理系统主要承担员工薪酬的计算与发放任务，负责核算薪资、代扣个人所得税、预提费用，以及进行统计分析工作。此外，该系统还能生成多种工资报表，以适应管理的多样化需求。

固定资产管理系统主要负责处理固定资产的增减变动及其核算工作，并计算和计提固定资产折旧。系统还对固定资产卡片进行详细的登记与管理。它支持批量操作，能够根据批量录入的信息自动生成相应的变动记录卡片。此外，该系统能提供多种格式的固定资产账簿和报表，方便用户随时查看相关信息，从而帮助企业管理层更好地监控资产状态并作出明智决策。

（三）手工会计核算与信息化会计核算二者之间的主要差异

数据处理的起点和终点差异。在传统手工会计操作流程中，会计业务处理的第一步是始于原始会计凭证的整理。然而，在信息技术辅助的会计操作环境下，会计业务的起点可以是记账凭证、原始凭证，甚至是由系统自动生成的机制凭证。

数据处理方式差异。在传统的手工操作时期，财务工作者会依照指定的会计核算程序，亲手把记账凭证誊抄到不同的账本之中，以完成数据处理的任务。然而，在信息技术高速发展的今天，数据的计算与汇总职能已经被计算机系统所取代，实现了自动化处理。

数据存储方式差异。在传统手工处理方式下，会计信息记录在凭证、日记账及明细账等纸质文档之中；而在现代信息技术条件下，这些会计数据则存储于数据库中，需要调用时可通过查询或打印等方式来获取。

对账方式差异。在传统手工操作流程中，财务人员需定期手动核对总账、日记账与明细账的数据；而在现代信息化环境下，总账子系统借助预设的记账程

序，能够自动且精确地完成记账任务，同时同步生成详细的账目数据和汇总信息，实现了账目的自动核对功能。

在传统手工操作时代，财务人员面对紧迫的数据统计分析任务，往往需要投入极大的劳动力。而在现代信息系统的助力下，财务人员可以轻松利用系统内置的查询功能，快速且高效地完成数据统计与查询工作。

二、财务业务一体化

在 20 世纪 90 年代，中国财务软件开发商首次提出了财务业务一体化的概念，这一理念成为中国财务软件行业发展的一个独特标志。其实质在于 ERP（企业资源计划）的应用，旨在实现信息系统内业务数据与财务数据的无缝集成，并自动产生相应的会计凭证，从而大幅提升会计处理的效率，同时减轻会计人员的工作负担。这与国际上对 ERP 系统的期望相吻合。受财务业务一体化思想的影响，我国财务软件的发展方向变得更加清晰明确。从那时起，众多国内财务软件供应商开始积极开发包括进销存管理在内的多种业务模块。直到现在，这些厂商仍在不断推进向 ERP 系统的转型与发展。

国际知名的 ERP 供应商通常会将业务模块与财务模块紧密集成，以实现数据的自动同步。一旦在业务模块中生成了交易数据，相应的财务凭证就会自动在财务模块中创建。如果需要调整财务数据，一般也需要从源头上的业务模块进行修改。这种集成体系主要包括以下几个方面：财务管理的整体架构设计；业务流程与财务管理相融合的系统布局；一体化处理机制，确保业务操作能够直接反映到财务记录上；涵盖采购、库存管理、应付账款及总账等多个关键功能模块；应付账款模块与固定资产管理等其他相关模块之间的无缝整合。

通过这样的集成方案，ERP 系统不仅提高了工作效率，还加强了数据的一致性和准确性，为企业提供了更加全面和准确的财务视角。

三、会计集中核算

实现会计集中核算的成功，关键在于构建一个全面且高效的运营架构，这一架构的核心要素涉及：跨主体作业能力；即时监督与洞察；数据互联与安全维护；财务信息的共享与保密；科目设置的灵活性。

当这些关键要素得以有效融合，会计集中核算不仅能提升财务管理的效率与精确度，也能增强企业内部信息的透明度，为决策提供更有力的支持。

第二节　报表合并信息化

一、报表合并的挑战

合并财务报表对于集团型企业而言，是一项不可或缺的标准会计文件。此类报表能够全方位反映企业集团的经济状况、经营绩效及资金流动情形。对投资者而言，这份报表是评估企业集团投资价值的关键参考因素之一。

（一）财务报表合并的主要过程

企业集团在编制合并财务报表时，将母公司和其子公司看作一个统一的会计单位。这一过程是基于各自独立的财务报表，由母公司汇总整合而成的，旨在全方位反映整个集团的财务状况、经营业绩和现金流情况。

编制合并报表通常分为四个主要步骤：构建模型、搜集数据、核对与调整、发布与公开。

在构建模型阶段，企业需根据集团的管理特色和信息公开要求，确立合并报表的结构框架，设计相应的报表格式，识别需要抵销的会计项目，并设定合并过程中使用的计算规则。这一步骤为后续的数据分析和处理提供了基础。

数据搜集阶段则涉及子公司自下而上逐级上报其财务报表及相关详细信息，这些信息是合并报表中进行必要抵销处理和满足管理报告要求的关键。此环节对于确保合并报表的准确性和效率极为重要，是整个合并过程中的一个核心控制点。经过这些步骤，企业集团能够呈现准确而全面的财务概况，这不仅有助于内部管理层的决策制定，同时也为外部投资者和其他利益相关方提供了高信赖度的财务信息。

在报表合并的过程中，校对与调整环节扮演着极其重要的角色，其主要职责在于对合并过程中的数据进行细致的校验和必要的手动调整。这个环节要求所有的调整都必须留下清晰的审计轨迹，这对于保证报表合并流程的完整性和准确性极为重要。接下来的发布与公开阶段，则关注于将合并完成的报表进行内部或外部的发布。在这一环节，用户可以执行报表的打印、检索和分析等操作。

（二）合并财务报表面临的四大问题

第一，集团旗下各子公司在手工编制合并报表时，采用的标准不尽相同，同时，财务人员的专业能力也参差不齐。各个子公司虽然各自独立完成财务报表的编制，但报表格式、内容、统计方法以及抵消规则的差异，给财务报表的合并与分析工作带来了不少难题。此外，部分企业在合并报表编制方面的财务人员，其技能水平仍需进一步提高。

第二，集团整合任务繁重，需耗费大量时间和精力。集团拥有众多子公司，其中包括境内外的上市公司。这些上市公司必须遵循更为严格的财务信息公开规范，不仅要符合国际会计准则，还要遵守国内的相关法规，因此它们需要同时适应不同的会计制度要求。

第三，传统的报表和分析工具在性能上具有一定的局限性，同时在数据的追踪和回溯方面也面临着不小的挑战。在运用 Excel 进行财务报表合并的过程中，财务人员常常需要耗费大量时间和精力。这一流程包括对格式的审核、逻辑的检验、准确性的确认、分析性检查、准则调整、审计标准的适配、汇率的转换及报表的合并与汇总等多个步骤。然而，由于传统的 Excel 报表采用文件式数据存储，这使得公司对历史数据的检索和对比变得异常困难。

第四，资源利用存在不合理之处。报表分析工作者往往在数据的整理和报表的编制上需耗费大量时间，这自然缩减了他们用于深入探究报表内容的时间。

（三）财务报表工作的四个目标

1. 规范化

统一企业内部的会计科目规范；改进集团法定合并与事业部合并的工作流程，加速合并自动化进程；逐步构建集团财务部门为内部及外部财务信息发布的核心枢纽。

2. 透明化

推动集团内部财务数据资源的互通共享，初步消除财务信息交流的障碍，增强数据透明度；通过统一的数据库，提升数据的使用效率，构建全方位的决策支持系统，满足各类用户的需要；并保障报表信息能够快速查找并进行深层次的分析。

3. 全球化

为了全面提升企业集团的财务管理水平，实现对比旗下子公司、联营公司，尤其是海外分支机构的财务管控力度；满足集团股权结构、法人管理结构和管理架构不断变革的需要；确保财务系统能够适应多会计准则下的财务合并工作要求。

4. 实时化

加快信息传递与反馈流程，缩短数据整合周期，保证管理层能够迅速获取准确无误的财务数据，以支持决策制定。

二、报表合并系统的功能特点

（一）报表合并系统框架结构

报表合并系统的设计核心是满足集团合并范围的特定需要，构建一个层次清晰的多级架构体系。这一架构体系涵盖了从基础级别的初级会计核算单位，到中间的合并主体，直至满足集团高层管理团队的使用要求。

在报表整合的过程中，基层组织发挥着核心作用，其执行的任务流程大致可以分为以下几个步骤：起初，从核算系统和 ERP 系统中抽取关键数据作为报表整合的起点；接着，手动输入系统外的数据和其他必要的补充信息；之后，对这些信息进行加载、处理以及严谨的审查；审查确认无误后，再将精确的报表数据上报给更高一级的整合主体。

合并主体在中间层级承担的主要职责涉及：对下属主体提交的财务报表及其相关数据进行细致审查与分析，对下属主体的数据进行必要调整以确保准确性，审批下属主体的报表数据，并负责进行本层级报表的抵消、货币转换及合并计算等核心工作。

在总部层面，主要工作流程包括以下几个重要环节：严格审核下属实体的财务报表及相关数据，对下属实体的数据进行必要的修正，审批并确认下属实体的报表数据，以及进行包括内部抵消、货币换算、会计准则转换和财务整合等在内的本级财务核算工作。

（二）合并报表系统流程

在进行报表合并的过程中，系统会收集包括报表数据及内部具体交易记录在内的提交信息。上级单位对下级单位的调整指示，以调整分录的方式记录于系统之中。该系统能够依据不同的货币种类及会计准则，计算出多组报表数据，并将这些数据保存在系统中。

（三）合并报表软件系统具有八大核心功能

1. 多货币处理能力

该系统能高效管理多种货币操作，涉及记录汇率历史、维护期末和平均汇率，并建立与各种货币报表的对应连接。

2. 自动内部交易对账及抵消

系统通过设立抵消科目表，确定往来与差异科目，并制定抵消规则，实现基于交易双方最近共同上级科目的自动对账与抵消，用户也可根据实际交易需要调整抵消关系。

3. 分录调整或抵消操作

系统提供了分录的调整或抵消功能，以保障报表数据的准确性和一致性。

4. 自动持股比例运算

系统具备自动计算持股比例的功能，便于用户迅速了解投资情况。

5. 组织与投资关系变动调整

系统支持根据企业发展的需要对组织结构和投资关系进行调整。

6. 会计准则适应性转换

系统支持 USGAAP、IFRS、中国会计准则等多种会计准则，满足不同区域的会计规定。

7. 报表流程控制与审计跟踪

系统管理报表流程，确保报表的规范性和精确度，并提供审计跟踪功能，以便审计工作的开展。

8. 多级合并与一键合并功能

系统支持分步骤的多级合并和一键快速合并两种操作方式，以适应不同的合并报表需要。

（四）报表合并信息化案例

A 公司及其旗下的子公司深耕于国内电力产业的开发、建设与运营管理领域，已稳步发展为国内规模最大的上市发电企业之一。公司直接管辖着 20 座全资电厂，并拥有 18 家电力运营公司的控制权，同时也在另外 10 家电力运营公司中持有股份。该企业成功在纽约、香港及上海三大证券交易所挂牌上市。在电力行业内部，其员工的劳动生产率一直保持在行业领先地位。

1. 实施报表合并系统的背景。

（1）在 A 股、H 股和 N 股市场上市的三地企业，每个季度均需披露大量资料，其财务报告所包含的主表及附表数量总计超过一百份，涉及的财务准则繁多。

（2）拥有众多分支机构和子公司。

（3）合并报表的过程不仅耗时，而且无法确保数据的精确性。

（4）频繁地对组织架构进行调整。

（5）众多知名的会计系统品牌如用友、浪潮、金蝶、金思维、远光、甲骨文及威科，构成了一个分散的会计软件市场。

2. 报表合并系统的实施目标。

（1）每月自动生成各级别的法定和管理报表，能够大幅缩短合并报表的准备时间，并减少对人工操作的依赖。这一过程不仅满足了包括快报、国资委报告、A 股报告、H 股报告及 N 股报告在内的多种法定和披露要求，还能够根据集团内部管理需要进行定制化合并，生成符合业务管理需要的内部报告。

（2）制定明确的合并标准，确保工作文档的条理清晰，从而强化管理效果、明确职责分工，同时便于监控工作进程和进行绩效评价。

（3）构建一个涵盖整个企业的统一、稳定的报告系统，该系统能够自动抓取报告的基础数据，确保信息来源的时效性、真实性和准确性，进而全面提升报告信息的整体质量。

（4）通过汇总预算数据，从多维度及不同层面对财务状况进行深入剖析，目的是为管理层提供全方位的信息支撑，协助他们做出更为正确的决策。

（5）满足对财务未来发展趋势的预测需要。

3. 在报表合并系统中，数据传输的过程遵循特定的步骤进行。

4. 系统会对导入的核算数据进行勾稽关系的审核与验证，确保数据的准确性。

5. 设计专门的内部交易一致性匹配表格，以维护数据的一致性。

6. 系统内置了多种准则调整分录的格式模板，以供用户选择使用。

7. 应用合并报表系统后，可以享受到多种显著的效益。

报表合并系统的主要价值体现在优化财务报表的整合过程，提升工作效率与审核的透明度，同时满足对外公开披露和内部管理的财务报告需要。

第三节　财务分析信息化

一、财务分析的目的

企业的管理者肩负着对公司的日常运营、业绩和财务状况进行科学管理和监督的职责，在这一过程中，财务分析具有不可或缺的重要作用。通过财务分析，管理者可以更深入地洞察企业的运营情况，进而确保决策的合理性和科学性。

尽管与外部的债权人、客户和投资者等其他利益相关方相比，企业管理层在获取企业信息和监控企业方面拥有更多的途径和手段，但财务信息依然扮演着不可或缺的角色。作为一种关键的监控工具，财务分析在管理层手中显得尤为有力，因为他们能够获取到更为全面的财务数据。管理层还能够将这些财务数据与企业非财务信息相结合，开展更为深入的综合财务分析，且分析的目标也更加多元化。

二、财务分析的内容

财务分析的目标与其具体内涵密切相关，不同的目标将导致分析焦点的不

同。通常情况下，财务分析主要涵盖以下几个主要方面。

（一）偿债能力分析

企业的偿债能力可以根据时间跨度分为短期和长期两大类。在短期偿债能力方面，它与企业的流动性状况密切相关，流动性反映了企业在短期内应对现金需求的能力，包括支付日常运营支出和清偿短期债务的需求。企业的流动性越强，其在日常支付和短期债务的偿还上表现得越优秀，从而确保了业务运营的流畅性和短期债务的安全性。流动性及短期偿债能力是企业在短期内维持运营和确保债务安全的关键，也是企业生存和发展的基础。因此，管理者、股东等各方都会高度关注企业的流动性和短期偿债能力。

长期偿债能力与财务风险之间存在着密切的联系。从狭义的角度讲，财务风险主要涉及企业融资过程中所遇到的风险，其核心在于企业负债偿还的不确定性。企业的财务风险与其长期偿债能力紧密相关。一旦企业无法按时清偿长期债务，不仅会影响企业的长期投资规划，还会对日常运营产生负面影响。众所周知，风险与回报通常成正比例关系。因此，通过优化资本结构和财务杠杆，实现风险与回报之间的平衡，成为长期债权人、管理层及股权投资者等各方关注的焦点。

（二）营运能力分析

资产是企业掌握和控制资源的象征，它们有潜力为企业带来经济利益，同时也是企业负债和所有者权益的基础保障。企业在经济效益获取和资本保障水平上的能力，直接受到资产管理成效的影响。资产管理核心在于资产结构的优化和资产使用效率的提升。企业的资产运用效率通常被视为其运营效率的体现，这一指标对于衡量企业的运营实力至关重要。

企业的资产管理效率和运营能力是其稳健增长和盈利水平的关键因素，因此，它们成为债权人、股东投资者及管理层等各方利益相关者在进行企业分析时必须重点关注的核心指标。

（三）盈利能力分析

投资回报是衡量投入资金与收益产出的关键指标，它揭示了资金投入后可能带来的利润水平。鉴于投资资金的来源各异，收益的层面多样化，使得投资回报呈现出多种形式。企业盈利能力是影响投资回报的直接因素，如果投资规模保持恒定，企业的盈利能力越强，其投资回报率也会相对提高。

企业的盈利状况主要通过其财务报表中的利润来展现，这一利润是通过从总收入中减去相应成本后得出的净利润。通过对企业营业收入的深入分析，我们可以清晰地掌握其盈利的稳定性和持久性。在合适的情况下，我们还可以对企业成本进行更深入的本量利分析和成本费用分析。本量利分析能够帮助我们找出对利润有重要影响的关键因素，而成本费用分析则有助于企业从内部寻找提升利润的可能途径。

获取稳定且可观的盈利回报是衡量投资回报与盈利能力的关键指标，同时也构成了企业偿债能力的坚实基础。如果一个公司没有良好的盈利能力，那么其声称的安全性将是无法立足的。因此，不论是股权投资者、企业管理者还是债权所有者，所有这些利益相关方都将投资回报率和盈利状况放在被关注的首要位置。

（四）其他能力分析

在传统的财务分析模式中，我们通常从静态的视角来评价企业的财务健康状况和业务成果，主要关注企业的偿债能力、盈利表现和运营效率。但在当前竞争激烈的市场背景下，这种分析方法已显得不够全面。一个企业的真正价值，不仅在于其当前的财务表现，更在于其未来的盈利潜力和市场竞争力。提升盈利能力、优化资产运营效率以及增强偿债能力，都是为了推动企业的长远发展和提升市场竞争力。因此，为了更全面地评估企业价值，我们需要同时从静态的角度分析其现有运营状况，以及从动态的角度预测其未来的发展潜力、市场竞争力和风险管理能力。

（五）综合分析

对企业进行全面综合分析，意味着深入探究企业的整体状况，这包括对其财务健康状况和运营成果的整体评价。企业本身是一个紧密相连的系统，各个部分之间相互依存、互相作用。分析人员在仔细研究企业的各个层面后，必须整合这些分析结果，从而全面掌握企业的整体态势。尤其是对于管理层来说，全面掌握企业的各类信息，明确不同要素间的相互作用至关重要，这将为企业的管理决策指明方向。在众多分析工具当中，杜邦公司创立的杜邦分析模型因其广泛的应用性和经典性而备受推崇。

在深入分析的过程中，我们需要同时关注财务与非财务的各种因素，并确保对结果性指标与驱动性指标进行综合评价和平衡考量。

三、财务分析方法

（一）趋势分析法

趋势分析法通过比较企业不同阶段的财务数据，跟踪关键指标的变化轨迹，从而对企业财务状况和业绩发展脉络进行细致探究。这种方法能够为企业未来财

务状况及业绩预测提供关键的支持信息。

（二）结构分析法

结构分析法通过将特定项目的金额与相应时期的总金额、汇总金额或某一标准金额进行比较，进而测定和计算各项目的结构比重，以此对企业各个组成部分的结构分布进行细致剖析和了解。

在会计报表分析中，结构百分比法是一种常用的技术。采用这种方法分析报表时，各项目通常以结构百分比的形式展示。这种通过各项结构百分比来展现的会计报表，我们称之为结构百分比会计报表。因此，结构百分比法也常被称作结构百分比会计报表分析方法。

（三）比率分析法

比率分析法是评估企业财务健康状况和业务成果的一种工具，通过对比财务数据并计算出具有特定经济意义的比例来实现。该方法涵盖了趋势比率、构成比率、效率比率及相关比率等多种类型。趋势比率主要用于反映不同时期内某一经济指标的数据联系，比如将当前期的净利润与前期净利润进行对比，或者将本期总资产与五年前的总资产进行对照，进而得出相应的比例。

构成比率是一种反映经济项目内部各组成部分与整体之间比例关系的工具。例如，通过计算流动资产与总资产的比率，或流动负债与总负债的比率等财务指标，可以揭示出各部分在整体中的比重。

效率比率是评估投入与产出相互关系的财务衡量标准，比如通过将净利润除以平均股东权益得出的比例，或是将净利润与总费用进行除法运算得到的比例等。

相关比率指的是那些不属于趋势比率、构成比率和效率比率范畴的比率，它们用来揭示两个财务项目之间的相互关系。比如，流动资产与流动负债的比率，以及主营业务收入与平均资产总额的比率，都是这类比率的具体表现。

（四）比较分析法

比较分析法通过对照分析相关数据来揭示它们之间的差异，并深入探讨这些差异产生的原因。在评估过程中，进行比较是非常关键的一步，这一步的实施依赖于确立一个用于参照的基准。这个基准，就是我们进行比较的参照物。通常，这类参照标准包括历史标准、行业标准、预算标准及经验标准等。

四、财务分析程序

财务分析是一项涉及众多细节的复杂任务，其的进行需依据一套规范化的科学流程，以保证分析结果的准确性与有效性。这一流程大致可以分为以下几个主要环节：

（一）明确分析目的

在进行财务分析的过程中，明确分析目的是核心环节。只有当分析目的具体而明确时，我们才能决定分析的详细程度、所需收集信息的种类与数量，以及应当使用的分析技术等关键决策。因此，确立一个明确的财务分析目的是启动分析工作的第一步。

（二）确定分析范围

尽管财务分析覆盖面广泛，但并不总是需要面面俱到。确立明确的分析目的和分析范围，对于提升财务分析的效率以及恪守成本效益原则至关重要。在搜集信息之前，首先应当确定企业需关注的特定领域或若干领域，并突出分析的重点。

（三）搜集相关信息

在确定了财务分析的目的和明确了分析的范围之后，下一步是有的放矢地搜集关键资料。企业公布的财务报表及其说明是财务分析的基础资料。然而，企业的生产、供应、销售等内部资料，以及审计报告、市场动态和行业信息等外部资料同样可能对财务分析的结果起到重要作用。在开展财务分析时，尽管获取充足的信息至关重要，但信息量并非越多越好，而应根据具体的分析目的和既定范围来确定所需信息的合理程度。

在整理收集到的资料时，我们必须细致地进行筛选和梳理。对于那些不真实的信息，我们要坚决排除；对于不符合规定的内容，我们也应适当予以修正。

（四）选择分析方法

财务分析手段各异，各有其独特的优势，并无绝对优劣之分。只有那些最适合特定分析目的、内容以及所获取信息的手段，才能称之为最佳方案。由于财务分析目的的多样化，分析的范围和深度也会有所不同，所搜集的数据信息同样千差万别，因此，选择哪种财务分析工具也应根据具体情况进行判断。在进行财务分析时，我们可以采用单一的分析工具，也可以根据实际需要，综合运用多种方法，以实现全面深入的分析。

（五）得出分析结论

在搜集关键信息并明确了分析方向后，分析人员会对这些数据进行深入研究，仔细审查企业的运营效果及其财务状况，这将为制定经济策略提供重要依

据。对公司管理层来说，这一流程不仅有助于总结管理的宝贵经验和教训，还能揭示出企业运营中的问题与短板，进而深入挖掘这些问题的根源，并探索解决之道，推动公司顺利达成战略目标。

五、财务分析指标

构建一个分层的财务分析模型，该模型从集团的宏观角度出发，逐步深入到各个盈利中心，将整体财务指标细化到具体的财务报表层面。该模型利用可视化工具，如仪表盘、趋势图和警示标志，作为监控层，清晰地展示集团的财务状况。该系统包含集团、各个事业部以及旗下各个成员单位三个层次，确保监控指标能够精确追踪到最基础的数据来源。通过与财务报表、财务核算系统和数据库的深度融合，实现财务分析指标的实时计算，极大地提高了财务分析的效率和及时性。

建立一个全面的财务分析体系，监控模式显得格外重要。当企业完成指标体系的搭建工作后，可以将这些监控指标与预算报表、会计科目等进行整合，通过与基础数据库的联动，打造一个可以实时更新、灵活调整的综合财务分析系统。

六、财务分析的信息化

在传统的手工财务分析过程中，常常面临数据准确度不高、财务和非财务信息整合困难及财务数据追踪不便捷等问题。随着信息技术的广泛应用，这些问题已经得到了有效解决。通过推动财务分析的信息化建设，我们不仅能够获得更加准确的财务数据，还能通过图形和菜单界面直观地显示分析结果，这使得我们能够更加便捷地监控企业的整体运营状况，并对关键问题进行细致深入地分析。

财务分析的信息化建设依托于商业智能技术，其核心架构主要由数据集成与应用整合、高效的分析处理能力，以及信息的发布和直观易懂的可视化界面三部分构成。

商业智能技术能够处理高达 12 ～ 20 维的财务数据，同时维持高效的数据处理效率。这种存储模式不受传统表格限制，可根据组织结构和商业需要的变化灵活调整。借助商业智能构建的多维数据系统，财务分析可以从多重视角展开，例如对某项收入数据，可以基于时间变化、产品类别、区域分布、部门构成等多个维度进行深入剖析，极大地拓展了财务分析的深度和广度。

在进行财务状况分析时，可以从多个维度深入挖掘数据，展现出多元化的分析视角。借助交互式的分析工具和多样化的报表功能，财务数据得以有效追踪和直观展示。结合商业智能技术后，财务分析变得更加立体和全面：用户可根据需要定制个性化的交互式仪表盘，针对不同职位和角色进行精准配置；系统还能自动触发智能预警，给出分析指导及优化建议。此外，系统拥有强大而友好的用户界面，使得各级用户能够轻松获取所需信息，并通过图形化界面直观地显示重要数据，确保各层级数据之间保持严密的逻辑关系。

第四节　全面预算信息化

一、全面预算管理概述

预算作为一种全面的管理工具，体现了系统化的管理理念。它立足于企业发展战略的高度，通过合理调配人力、物力及财力资源，对企业运营进行全面策划和实时调整，旨在有效监督并确保战略目标的顺利实施与实现。

二、全面预算管理的八大成功要素

全面预算管理的成功实现，依赖于八大关键要素的相互配合和协同作用。

1. 战略协同是关键，需确保战略规划、业务计划与预算编制的紧密衔接。

2. 一个完善合理的组织架构对于预算管理来说是基础。

3. 加强沟通与交流，推动各层级之间的协作，是实现指导与参与整合的重要手段。

4. 建立责任评估机制，通过对责任的深入分析，设立责任中心并形成评价体系，这对于预算管理也是必不可少的。

5. 在预算制定方面，应建立科学合理的预算制度，多角度进行预算编制，并对预算内容进行细化，如对销售收入预算按照产品、时间、区域、部门、客户、销售人员、销售渠道等多个维度进行分解。

6. 高效的预算控制与监督体系是确保预算执行不偏离正确方向的重要保障。

7. 预算管理的灵活性也不可忽视，以便根据实际情况及时对预算进行调整。

8. 建立全面的预算执行分析与跟踪机制，以保证预算目标的顺利达成。

只有有效执行这些要素，才能显著提高预算管理的精确性和实际效果，为企业战略目标的实现提供坚实的支持。

三、全面预算管理的技术难题及解决方案

（一）全面预算管理普遍的技术难题

每年的十月到次年三月，企业面临着预算编制的任务，尤其是收集各部门预算的工作，往往需要耗费两个月时间。在这一过程中，企业通常会遇到一些

难题：

首先，初步汇总的预算数据常常显示出资本开支超出了集团设定的合理范畴，而运营开支也大多超过了确保公司预算指标实现的限制。

其次，财务部门在为特定业务需要分配资源时，面临着极大的挑战，预算调整的过程缓慢，结果也往往不能令人满意。

再者，缺乏信息系统的支持，预算编制和差异分析等工作主要依靠手工操作，这不仅消耗了大量的人力资源，而且无法及时发现问题所在。

最后，各业务部门为了保障工作的顺利开展，都力求获得充足的资源，而财务部门与业务部门级别相当，使得在协调两者资源分配时，常常耗费大量精力。

预测未来一年的市场趋势无疑充满挑战，尤其是在十月份展望次年的年终市场状况时更是如此。这一挑战主要来自几个方面：

第一，预算制定的过程往往较为刻板，不仅工作负担沉重、效率不高，而且难以灵活适应市场的快速变化。

第二，团队协作的问题也放大了这一挑战，缺乏统一的数据共享平台和高效的协调工具，导致团队间的协作效率降低。

第三，在预算执行过程中，缺乏有效的监控和控制手段，预先的控制和分析调整能力有限，加上实际数据分散难以集中管理，以及预算分析周期过长，使得对市场变化的快速反应和调整变得困难。

（二）EXCEL 解决问题的可能性

企业在实行全面预算管理时，仅依靠 EXCEL 通常会遇到不少挑战，这是因为 EXCEL 本身存在一些固有的局限性。

1. EXCEL 在协调和组织层面的管理功能较弱

因为缺乏有效的权限控制机制，导致难以对旗下各单位的预算编制进行统一管理，从而使各部门之间的协作变得复杂。

2. 在预算编制阶段，EXCEL 需要大量的手动操作来设置公式和表格

这不仅增加了工作负担，也容易发生错误。另外，EXCEL 与财务系统的集成不够紧密，影响了预算分析的效率与精确度；它无法自动导入实际数据，需要手动设置大量公式；在预算报表的展示方面，EXCEL 也较为单一，不能从多个角度、多个层次展现数据，为了满足不同需要，往往需要制作多份报表。

3. EXCEL 在进行预算调整和滚动预测时，也缺乏必要的灵活性

因此，采用信息化的全面预算管理工具，是解决这些问题的有效方法。

构建一个全方位且深入的信息化预算管理体系对于现代企业至关重要。这个过程涉及以下几个主要步骤。

（1）企业需要依据自身独特需求，打造一个能够与财务、规划、销售、采购、生产等主要部门及其预算子系统无缝对接的预算管理框架。这个框架应结合企业的特点，运用如业务流程再造等先进理论和方法，满足信息化预算管理的需要。

（2）开发基于信息技术的预算编制系统，该系统以预算管理框架为依据，主要承担年末次年的预算制定工作，涵盖经营预算、投资预算和财务预算三大主要部分。

（3）建立一个信息化的预算管理控制系统，包括设立责任中心审核机制、预算指标控制与调整、预算比较分析，并为管理层提供方便的查询服务。在信息化的环境下，预算管理体系应充分利用系统处理信息量大、速度快，数据集中处理的优点，将工作重点转向预测、监控、分析等管理活动，实现信息流、资金流和业务流程的高度融合。

（4）设立一个专门的部门负责信息化的全面预算体系，通过优化组织结构，确保预算管理体系在信息系统中的有效运行。同时，授予该部门相应权限，以推动新预算管理制度的实施。

4. 实现全面预算管理信息化的条件

（1）制定明确的战略目标，并始终遵循正确的战略方向，这构成了构建信息化全面预算管理体系的基础与根本依据。

（2）企业需具备完善的信息化基础设施，包括相关的硬件与软件支持，这是实现信息化全面预算管理的技术保障和前提。

（3）确保基础数据的准确性与完整性，同时尽可能收集齐全的历史资料。

（4）建立专业的、高效的预算管理组织机构，并制定一套切实可行且科学的预算管理体系。

（5）企业领导层需发挥示范引领作用。

四、全面预算管理的信息化

实现全面预算管理的数字化转型，必须满足三个核心要求：一是能够融合来自不同维度的数据资源；二是系统需要具备与其他多种系统顺利对接的兼容能力；三是建立一套高效的监控系统，以保障预算管理执行的实效性。

（一）多维数据——支持多维度的预算编制和分析

在预算编制与分析的过程中，关键在于从多个角度全面分析和解读业务及财务数据，这要求系统使用多维模型来高效存储和管理信息。

在实际应用中，我们需要快速回答诸如以下问题：本年度各地区的销售收入分布情况如何？每个月的实际销售额与预算目标之间存在多大的差距？三月份的

预算收益与实际收益有何区别？各个主要产品的销售量呈现了哪些变化趋势？

鉴于预算分析本质上是一项涉及多个维度的数据探究活动，系统必须具备支持多维数据分析的功能，以适应各种变化的分析需要，并提供精准且及时的洞察结果。

（二）广泛接口——避免信息孤岛

在企业环境中，财务、ERP 和人力资源等核心业务系统的数据通常是分散存储的，从这些系统中汇总数据往往需要大量的人力资源来进行整合。为此，开发一种能够集成不同业务系统数据的接口工具变得尤为重要，这样可以显著提高数据整合的效率。

（三）有效监控——实现事前、事中、事后的动态控制

实现对费用支出和资金支付的前置与即时监控，以确保这些活动与预算计划相符。该系统采用电子工作流进行审批，实现了高效快捷的审批流程。此外，系统能够与预算和核算系统无缝对接，为管理层提供了一个直观的仪表盘，用以显示关键指标数据。系统还可以动态显示预算的核心指标及其执行情况，并允许用户对特定指标进行深入分析，查阅相关的业务和财务细节。

第五节　精细化成本信息化

一、成本管理的目的及内容

（一）成本管理的目的

传统的成本控制观念主要以企业的节约程度作为评估标准，其核心思想在于通过削减成本和避免不必要的支出来实现节约，强调的是节流。换句话说，传统成本管理的主要目的是减少开支，降低总体成本水平。

在当前的商业环境中，企业在成本管理方面的理念已经发生了明显转变。与以往的传统观念相比，现在的企业更加重视成本效益这一核心原则。他们通过衡量投入与产出的比例，来评判投入（即成本）的必要性和合理性。这样做的目的是在确保企业经济效益增长的同时，尽可能地减少成本投入。总的来说，现代成本管理的核心宗旨在于提升成本投入的产出效率。

在现行的市场经济结构下，企业要想在日常管理中有效控制成本，就必须密切关注投入与产出的比较分析，深入探究成本变化与收益变动的相互关系，从而制定出旨在追求效益最大化的成本预测与决策策略。

（二）成本管理的内容

现代的成本管理不再仅仅局限于产品原材料的成本核算，而是拓展到了对生产各个环节进行综合成本和质量成本的分析与管控。

企业的成本管理范围正在不断扩展，目前已全面覆盖价值链的各个环节。这不仅涉及市场推广、销售和产品研发的预先策划，还包括对产品售后服务阶段的持续监督。这一管理领域现在包含了营销、物流、研发和客户服务等多个部门的成本管理。同时，企业对于非物质成本，如人力资源和知识产权的重视程度也在逐步提高。

成本管理是一个涉及众多领域的综合性工作。它不仅包含了产品制造、品质保障和效率增进的成本考量，同时也涵盖了资金调配、采购、销售与客户关系维护、风险防控、人力资源配置、环保及安全保障等方面的成本控制。企业依赖于成本管理提供的准确数据，如产品成本和营销成本，来做出众多关键的商业决策。这些决策包括分析产品的盈利能力，调整产品组合，运用成本信息在销售阶段制定合理的定价策略，以及在生产环节中，根据成本数据决定是自行生产还是外包。

在成本管理的实际操作中，主要可以分为成本核算与成本控制两大环节。成本核算作为成本控制的前提和基础，其准确性至关重要；缺乏准确的成本核算数据，成本控制工作便失去了可靠的依据。成本控制的核心目标在于调整成本投入与收益之间的关系，旨在提高整体经济效益。

（三）典型的成本管理方法

成本管理手段可根据其应用层面划分为战略、策略和运营三大类别，包含了多样化的方法。

1. 价值链分析法对产品从原材料到最终用户的各个阶段进行细致分析，探究不同环节的成本特性及其成因，并将这些分析结果与战略决策相结合。

2. 目标成本法常用于产品或服务研发阶段，目的是保证其成本竞争力，并确保实现预期的生命周期利润，同时也适用于为现有产品或服务制定成本降低目标。

3. 产品周期成本法旨在预测产品、品牌或服务从开发到退市全过程中的总成本和盈利情况。

4. 成本动因分析法通过发现和排序影响作业成本的因素，为成本管理提供系统的解决方案。

5. 对象成本法则根据作业清单计算各个成本对象（如品牌、产品、客户）的成本。

6. 作业成本管理法作为一种创新的管理工具，在企业内部改进和价值评估中起着至关重要的作用，它利用作业成本法得出的成本信息，对整个流程进行系统化、动态化及前瞻性的成本控制，主要聚焦于作业层次的管理、分析和优化。

二、成本核算信息化

（一）成本核算为何要信息化

在传统的手工管理下，企业在成本控制过程中往往会遭遇众多不确定因素的干扰，导致在整个管理链条中难以达到成本管理的最优化。另外，伴随着生产自动化程度的不断提高和产品类型的不断增多，这种依靠人工进行的成本核算手段已经不符合现代企业对精细化管理的要求。

在当前的商业竞争格局下，企业对于成本控制的需要越来越多元且复杂化，这要求企业必须拥有一套全方位集成、可以协同规划、监督和管理的成本控制体系，以确保企业的运营活动与市场需求保持一致。企业资源计划（ERP）系统不仅对物流流程进行了全面优化，提高了生产效率，而且在成本管理方面也赋予了企业强大的管理功能和深入的分析工具。信息化成本管理的引入，已成为中国企业适应时代发展、拓展国际市场的必由之路，它标志着我国企业的管理模式正在由传统方式向信息化转型，同时也是提升企业网络运营能力和市场竞争力的主要途径。

（二）成本核算信息化的主要内容

1. 成本中心核算

一个理想的信息化成本核算系统，应具备对比预算成本、标准成本和实际成本差异的功能，同时能够高效地生成并分析成本报告。在该系统中，每项成本都会在特定的成本中心进行详细记录和独立核算。这些数据会根据实际需要或既定的时间表，批量传输至产品成本和获利分析模块，以便进行更深入的数据处理和分析。

（1）管理会计模块以财务会计提供的基础数据和总账科目记录为起点。在此基础上，记账凭证的科目指定功能得以扩展，能够关联多个辅助科目，如成本中心或特定项目。如果在记账凭证中同时指定了多个科目，管理会计模块将采用特定的审核规则来确保仅将与成本相关的单一对象计入账目，而其他相关信息则作为统计数据进行处理。

（2）除了记录基本的费用数据外，还能够详细记录与条目相关的多种属性，包括数量、时间、单位等额外信息。

（3）通过数据接口，外部会计系统能够将所有记账业务及相关的基础成本要素完整地传输至管理会计模块，以便进行后续的深入处理。

（4）该数据集汇总了项目管理会计领域的全部信息，独立存储，且其保存不受总账和明细账档案保存期限的限制。在规定的保存期限内，管理会计系统能够从财务模块中提取所需的原始凭证数据。

2. 订单和项目成本核算

成本系统通过整合及核实订单和项目成本数据，促进了企业与其供应链合作伙伴之间的紧密合作。该系统主要负责收集和筛选成本信息，通过比较预期与实际效果，助力企业管理层对订单和项目实施过程进行高效的监督。此外，系统还提供了多种成本核算与分析功能，助力企业优化业务规划与执行效率。

生产成本管理是企业对生产及作业流程进行有效管理的重要环节。在制造业，成本核算的方式受到系统模块中基础数据和程序的限制与影响。通常涉及的成本对象主要包括以下几种类型：

（1）涉及物料、加工订单及成本对象的层级架构；

（2）涉及物料、进程计划表和成本对象的层级架构；

（3）包括物料和生产订单的类型；

（4）涉及销售订单和生产订单的类型；

（5）涵盖方案、网络和订单的类型。

3. 产品成本核算

该系统不仅具备成本核算与成本分摊的功能，还能收集物流和技术相关的数据，对各类产品和服务进行详尽的结果分析。其产品成本核算模块可以实时监控成本构成、成本要素及生产流程，并能够针对特定对象或整个时间段进行成本预测。此外，系统还能通过基于价值或数量的成本模拟来优化企业的运营活动。

生产成本核算专注于计算某一产品的成本，无论其是实物商品还是无形服务。其主要目的包括：

（1）明确产品的生产成本和销售成本；

（2）通过成本比较寻找优化产品生产成本的方法；

（3）为产品的定价策略提供成本基准；

（4）为库存评估提供产品的生产成本数据；

（5）在成本对象控制中实施差异分析；

（6）结合获利能力分析，计算边际会计收益。

通过这些功能，系统不仅支持精细化的成本管理，还帮助企业提升运营效率和盈利能力。

4. 成本收益分析

本模块能显著提升对产品或市场盈利潜力问题的解答效率，比如对特定订

单的成本和利润结构进行精准评估。通过对这些核心数据的深入分析，公司的销售、市场营销、产品管理和战略规划等部门可以依据市场的初步分析结果，制定更为正确的策略。这有助于公司准确掌握在现有市场中的地位，并对未来市场的潜在价值进行有效预测。

5. 利润中心会计

本方案旨在为那些需要对战略运营收益状况进行定期深度分析的企业提供专业服务。我们采用会计学原理，全面搜集企业在业务活动中的成本、运营开支以及绩效评估等重要数据，以此对各个业务单元的盈利能力进行全面评估。

6. 附有管理决策的执行信息系统

在决策过程中，信息的准确性和数据收集与处理系统的效能密切相关。管理层可通过采用执行信息系统（EIS）这一全面的软件解决方案，以优化决策效率。EIS 具备独立的数据库，能够汇集并整合来自公司各分支机构的关键数据，如成本信息，对这些数据进行加工和汇总，进而转化为对企业管理决策具有重大指导意义的信息。

7. 标准成本

针对库存产品的成本进行标准成本预估，该预估适用于一定的时间范围，通常覆盖一个完整的会计年度。其核心目标是在计划期间内，预测制造和销售产品的预期成本，这一过程不依赖于客户订单的具体时间点和订单发生的频次。

在标准成本估算的过程中，直接材料的成本是基于投入的原材料数量来确定。这种计算方法是通过将预计的物料数量与预计单价相乘得出。之后，将物料的间接费用作为额外成本加以考虑。至于生产成本的计算，则是根据在成本规划阶段确定的作业类型及其相应的作业单价完成的。

为确保生产流程的顺畅运作，对各个生产环节制定相应的产品计划数量是关键步骤。在避免将间接生产成本包含在作业定价中的前提下，我们可以在直接生产成本之上按照一定比例加上额外费用，用以补偿那些间接成本。同时，管理费用和运输保险费用与预期的生产成本紧密相关，通常这些费用会以手续费率的形式，按照一定的百分比进行计划与预算。

三、成本控制信息化

成本核算的目的在于通过深入分析，达成高效的成本控制与管理。

（一）流程化的成本控制

在没有信息系统支持的情况下，流程化的成本控制往往面临着不少难题，尤其是控制标准与实际操作流程的对接问题，这导致实时掌握控制标准与执行情况之间的差距变得具有挑战性。在成本控制的过程中，我们主要会遇到以下难题：

1. 缺少一个统一并且数据可以互通的成本管理平台；

2. 流程管理工具的效能不够强大；

3. 控制标准、定额和预算缺乏有效的支撑系统；

4. 成本控制流程过于依赖手工操作，这影响了工作效率；

5. 缺乏对成本执行结果的深入分析及监控工具。

（二）成本控制协同工作平台

1. 我们致力于打造一套全面网络化的成本与费用管理系统，让用户在任何时间、任何地点都能便捷地访问和使用该系统。

2. 我们采取精细化管理，为每位员工制定成本控制措施，确保成本管理渗透到组织的每一个角落。

3. 系统设计无须客户端维护，软件的升级与更新完全在后台完成，无须对客户端做任何调整。

4. 用户在熟悉的操作界面中工作，极大提升了学习和使用的便捷性与效率。

（三）成本控制的具体要求

1. 对成本和资金支出实施标准化的预先和实时监控，确保合规性。

2. 采取全面成本管理策略，综合考虑部门、成本科目性质与属性、成本分类（细分为大项与小项）、当月及累计预算、成本标准等多方面因素。

3. 对成本类别实施分类管理，一类成本必须严格依照既定标准操作，另一类成本虽不受预算硬性约束，但超出预算时必须提交详尽的解释说明。

4. 设定灵活的预算控制层级，预算编制和控制可根据成本的小类或大类进行。

5. 根据成本的具体性质、金额大小等因素，灵活调整审批程序。

（四）成本控制思路

成本控制系统融合了预算管理与常规审批程序，通过在业务活动开展前设置必要的审批环节，实现了事前控制的目的。在此审批过程中，业务发起人和审批者可以即时在系统中查阅到相应的预算资料，包括预算总额、已消耗预算及可用预算等信息，依据这些数据来评估业务活动是否应当继续推进。

（五）预算控制方案

该系统支持用户针对预算管理过程中的文件、功能和流程进行个性化配置。企业能够根据自己的特定需要来定制单据的样式。

同时，系统的功能控制逻辑可以根据企业的实际需要进行定制开发和部署。

系统允许企业按照会计科目设定多级审批结构，并且可以自定义审批的限额以及月度、季度和年度的超支比率。

针对超支问题，系统提供了包括“手动修正”“发出警告”和“强制禁止”在内的多种控制方式。用户还可以根据实际管理需要，添加新的控制参数和指标，确保预算执行的灵活性和有效性。每一笔费用申请都可以根据具体情况设定专属的控制规则和审批流程。

企业可根据自身的多样化业务需要，灵活地设置审批流程。本系统提供了极为灵活的审批流程配置能力，企业可以根据组织架构、科目类别等多种因素，打造独具特色的个性化审批流程。同时，系统还实现了多人审批模式，确保在任一审批人员无法上网时，其他审批人员能够顶替其完成审批任务。

该系统拥有实现从集团到子公司、再到业务分类以及具体科目等多层次预算控制规则的功能。它能够针对不同级别，分别制定控制流程、设定审批级别和审批金额，从而满足对资金支付和预算控制进行分级管理的需要。

系统允许用户对预算管理中的众多参数进行个性化设置，其中包括签字审批流程、会计周期、审批期限、日期替换选择及超支限制等核心参数的维护与更新。

四、作业成本法

（一）传统成本方法存在的问题

1. 管理层关注重点

在当前市场竞争愈发激烈的态势下，强化企业内部管理显得格外重要。此时，准确、实时且能够有效控制的成本信息显得尤为重要。同时，企业战略规划、策略部署以及日常运营活动对成本信息的需求也更加多元化和深入。

（1）在战略层面，高度重视成本信息的主要目的是为了更加准确和合理地进行战略选择。在使用成本信息的过程中，必须关注以下几个主要问题：

①如何与供应商和客户建立稳定的合作关系？

②应该关注哪些市场领域和产品？

③如何制定出具有市场竞争力的价格策略？

④与竞争对手相比，我们的市场地位如何？

⑤应该采取哪些措施来提高现有产品或市场组合的盈利能力？

（2）在战略层面，关注成本信息的核心目标是为了有效地管理和提升企业的资源配置效率。在这个过程中，企业需要依赖成本信息来解决一系列战略问题：

①要识别企业拥有哪些资源，评估这些资源的利用效率，并探索如何更加高效地使用它们；

②要决定是采取自主生产还是外部采购的策略；

③要分析产品和服务的定价是否恰当；

④要在保证产品或服务质量的基础上，探索降低成本的有效途径。

（3）在企业运营中，关注成本信息对于实现资源的高效配置至关重要。企业依赖成本信息来解决多种经营难题，这包括：

①细致剖析影响成本的主要因素；

②寻求高效的成本控制策略；

③发掘业务流程的改进途径；

④确立科学的工作效率衡量标准；

⑤制订符合实际的预算计划；

⑥明确预算超支的责任归属；

⑦选择适当的成本基准以评价目标实现情况；

⑧掌握绩效评价体系对企业业绩产生的直接影响。

目前，传统的成本核算与管理手段已经不能适应现代企业对这些方面的迫切需要。

2. 传统成本分摊方法所面对的问题

（1）传统的成本核算方法正面临诸多挑战，例如：该方法提供的成本信息通常不够精确，且更新速度滞后；在成本流程的监管和控制方面存在局限性；它仅能通过成本科目来呈现财务成本数据，适用性较窄；成本报告的内容和格式较为固定，难以满足不同管理层级的需要；同时，这种方法难以提供详尽准确的产品或客户成本细节；在成本查询、分析和规划过程中，常常需要投入大量的时间和人力。

（2）随着科技的飞速发展，物料需求计划（MRP）为核心的管理信息系统（MIS）已广泛应用于众多企业，而集成制造系统（CIMS）也开始崭露锋芒。这导致传统的成本核算方法暴露出越来越多的不足，其在反映产品成本上的准确性与现代生产实际相距甚远，导致成本数据严重偏离真实情况。这种失真程度令人担忧，使得依赖这些数据的信息使用者在决策过程中感到迷茫和焦虑，甚至对公司财务报告的可靠性产生怀疑。这一现象已对公司盈利及战略决策的制定造成了不良影响。

在全球市场竞争愈发激烈的今天，传统成本核算方法的局限性愈发凸显。伴随着企业和其经营环境的巨大转变，生产经营的成本构成和类型亦经历了显著变化。

①当固定生产成本的比例增加，同时直接人工成本的比例相对降低时，这会导致生产成本分配率的显著上升，从而可能会影响产品成本计算的准确度。

②随着与工作时间不挂钩的成本急剧增加，若采用没有因果关系的直接人工进行成本分摊，那么成本信息的扭曲将不可避免。

这些问题掩盖了成本发生的真实状况，导致成本在不同产品之间发生了转移，结果是某些产品的成本被低估，而另外一些产品的成本则被高估，这种情况对决策的准确性产生了负面影响。

（二）作业成本法与作业成本管理

作业成本法（Activity Based Costing，简称 ABC）作为一种先进的成本计算与管理系统，其应用范围已从最初的美国、加拿大和英国等地区迅速扩散至大洋洲、亚洲、美洲以及欧洲的各个国家。它的运用不再仅限于早期的制造业领域，而是已经渗透到商品批发、金融、保险、医疗卫生等多个公共服务行业，并被众多会计师事务所、咨询公司等社会中介机构广泛采纳。

ABC 作业成本法是一种卓越的成本管理工具，它能够细致解析成本生成的各个环节，精确体现作业对资源的利用效率，并且能够及时对低效或无效作业进行调整，从而实现成本的有效管理。这种工具满足了企业内部不同级别管理者对成本信息和决策支持的需要，具体表现为以下几点：

1. 提供精确的成本数据；
2. 满足企业内外部各种管理层面的成本信息需要；
3. 从多个角度和层次出发，提供详尽的成本信息；
4. 便于管理者随时进行成本查询和分析；
5. 能够对未来的成本进行预测和规划；
6. 根据成本信息的使用目的，按照不同的分类标准提供相应的信息，如定价时区分变动成本和固定成本，考核时区分可控成本和不可控成本，评估资源能力时区分闲置成本和非闲置成本。

作业成本管理（Activity-Based Costing Management，ABCM）是一种创新的管理方式，它的核心目标在于增强客户价值和企业利润。这种策略基于作业成本法，通过对作业和成本进行细致的辨识和计算，能够精确地确定产品的成本。它进一步将成本核算细化到作业层面，通过成本链分析，包括动因分析和作业分析等步骤，为企业决策提供了精确的成本数据。作业成本管理帮助企业高效地完成价值创造的作业，同时找出并消除那些不产生价值的作业，以此达到降低成本、提升效率的效果。

五、作业成本管理的信息化

ABCM 应用软件是一款基于作业成本管理原理构建的管理信息系统，其显著特征在于强大的数据处理功能。该软件的核心职责是依据作业成本管理的原则，对资源、成本动因和作业进行详尽的分析。它依照“资源—动因—作业”的框架，对各种成本数据进行汇总和整合，同时提供即时的作业相关信息反馈。因此，作业成本管理理念与软件功能的紧密结合，构成了 ABCM 应用软件最突出的功能亮点。

ABCM 系统不仅能独立部署，还可作为一款全方位的成本管理软件使用，还能与现有的管理系统模块无缝配合。比如，当用户已经实施了 ERP 系统的全面部署，ABCM 系统往往被作为 ERP 系统的一部分，以一个功能齐全的成本管理子模块的形式，被融入整个系统中。

不管是单独使用 ABCM 软件，还是将其作为组成部分与其他管理系统联合运用，开发和应用阶段都需兼顾企业作业成本管理的需要，同时保证能够衍生出相关子模块，以实现全方位、系统化的管理效能。

在 ERP 系统中应用 ABC 法进行成本调整，主要包括以下步骤：

1. 通过对价值链的深入分析，确定作业中心；

2. 设定成本项目，选择适当的成本动因，并计算出相应的成本率；

3. 构建一个模拟成本模型，在制定下一个会计年度的标准成本之前，将调整后的成本项目输入模拟成本系统，经过多次模拟和对比，确立最终的模拟成本模型；

4. 根据 ABC 法确定的作业中心，剔除非增值作业，并依据理想的标准定额，计算出产品的标准成本；

5. 进行产品实际成本的结转，并对成本差异进行分析。

第五章　大数据时代对企业财务管理的影响

第一节　大数据时代对企业竞争优势的影响

一、大数据与战略论

战略理论大致可归纳为两大流派：一是以哈佛商学院的迈克尔·波特教授所提出的“定位论”作为核心观点；二是以密歇根大学商学院的普拉哈拉德教授与伦敦商学院的客座教授哈默尔共同提出的“核心竞争力理论”为基本准则。

依据定位理论，企业可通过从产品类别、用户需要或与用户互动方式的多样化视角出发，来确定其在成本优势、差异化或市场集中策略上的竞争地位。确立这一竞争优势后，企业将据此制定相应的防御或进攻战略以应对市场变化。

核心竞争力理论提出，在制定战略时，企业应专注于客户的长期价值，并打造独特的竞争优势。该理论指出，企业的成长与发展应围绕这两个持久且稳固的核心进行。战略的规划依赖于对未来趋势的准确预测和评估，而战略的执行则必须遵循既定的规范严格进行。在这一过程中，决策者往往是商业领域的优秀人才，而非一般员工或公众，他们依据的通常是固定、系统化的信息数据。

在社会化媒体和大数据技术的双重推动下，战略决策的核心正面临着深刻的转变。

一方面，决策权已不再集中在少数商业精英手中，而是扩展到了更广泛的公众领域。社会化媒体的广泛应用极大地提高了信息传播的速度和覆盖面，社交网络的广泛使用促进了知识及信息的自由流通，使得公众逐步成为企业决策不可或缺的一部分。他们通过表达意见和分享信息，迅速集结成以信息交流和利益共享为基础的社群，这些社群的意见和行动既支撑着企业的决策过程，又对企业形成了一定的决策压力。

另一方面，决策的依据正在从传统的结构化数据扩展到涵盖非结构化、半结构化和结构化数据的复杂大数据集合。在当前的互联网经济环境下，商业元素如原材料、生产设备、消费者和市场等都变得更加动态和不确定，科技融合的趋势使得行业间的界限变得日益模糊，非结构化数据在这一过程中起到了至关重要的作用。据 Gartner 预测，在未来五年内，企业的数据量预计将增长 8 倍，其中 80% 将属于非结构化数据。

数据正日益成为企业核心竞争力的基石，其在促进未来产品生产效率提升、激发创新活力及向消费者传递价值方面发挥着不可替代的作用。数据的价值已经被提升到新的高度，成为决定企业竞争胜负的关键要素。

在当今信息时代，竞争的核心已经从传统的劳动效率转至知识效率。对企业来说，掌握数据资产至关重要，这不仅包含了人员结构和客户信息等对日常运营必不可少的资料，还涵盖了诸如消费者在店内浏览的录像、客户在使用服务前后的行为变化、企业如何利用社交媒体与消费者交流、吸引合作伙伴的要素以及客户的支付习惯等潜在价值巨大的数据。通过深度挖掘这些数据，进行详细的比较分析，并以独到的视角进行阐释，企业能够实现业务质的提升。因此，数据是所有管理决策的基础，它不仅为企业提供了对客户的深刻洞见，也成为企业在市场竞争中取得优势的关键。

二、竞争战略是否过时

（一）竞争战略的内涵

企业战略管理的核心在于对企业本身和市场变化的双重理解和有效应对。作为战略管理者，他们需要具备出色的洞察力，以便及时捕捉市场变化并做出适应性调整。他们不仅要认识到变化的必然性，更要将这一理念普及给每一位员工：变化是永恒的，不可回避。自 20 世纪初以来，西方战略管理研究便深入分析了企业战略和组织变革的问题，这一主题一直是研究的热点。在当前的大数据时代，市场需求和经济环境变化加速，竞争更加激烈，因此，加强企业战略管理变革的研究显得尤为重要和紧迫。

在 20 世纪 80 年代，迈克尔·波特教授引领的竞争战略理论为企业战略思维带来了全新的视角。波特教授基于企业受五种作用力影响的假设，即新进入者威胁、供应商议价能力、替代品或服务威胁、客户议价实力和同行业竞争对手的竞争，提出了三种基本的竞争优势模型：成本领先、差异化和目标聚集。这一理论将竞争视为战略思考的起点，认为行业的盈利潜力决定企业的盈利水平，而行业的盈利潜力受到行业竞争强度和结构性因素的影响。在此基础上，波特强调对产业结构的分析是构建竞争战略的基础，理解产业结构是战略分析的首要步骤。在制定战略时，企业应着重分析产业特性和结构，深入研究五大竞争力：潜在进入者的威胁、替代品风险、行业内部竞争程度、供应商议价能力和顾客影响力。通

过发现、评估并选择最适合自身的竞争战略，如低成本策略、差异化策略和集中化策略，企业决策者将优先考虑具有良好发展前景的行业，以此作为企业成功的关键战略思维。

（二）大数据时代的商业生态变革

在传统的企业战略管理模式中，通常遵循正向的解题逻辑，先发现问题，再深入挖掘问题的根本原因，进而制定解决方案。然而，在大数据时代的背景下，企业的战略管理方式发生了变革。这一新型模式以数据的搜集和量化分析为起点，探究数据之间的内在关联，进而形成更优化的战略方案。这种模式反映了思维方式的积极转变，不仅助力企业实现了从优秀到卓越的飞跃，也象征着战略管理层面的整体升级。

在融合了互联网通信、海量数据存储和云计算技术的大数据时代，商业生态系统的数据采集、传递、处理、共享和使用等活动变得更加频繁和便捷，极大地促进了知识传播和协作创新。企业在制定战略决策时，不仅需要适应系统内的开放竞争环境，更要具备影响和改变外部环境的能力。在这一变革中，企业的实体网络与虚拟网络紧密相连，数据和交易的网络效应不断增强，推动数据量和用户数的不断增长。资源共享和优势互补进一步加强了商业生态系统的盈利模式，并助力其持续发展。

1. 市场的实时了解与准确把握

在当今的商业环境中，大数据的即时处理和反馈机制已经深入到各个商业环节和节点。借助于这种机制，各方能够迅速对供需变化作出反应，准确捕捉市场动态和用户需求的变化。这促进了企业加快产品与服务的创新速度，缩短了产品更新周期。同时，通过个性化与差异化的数据，企业能够对目标市场进行细致划分，并与整个行业保持紧密整合。

2. 企业运作的竞争合作与协同发展

在当前商业环境下，企业的边界和行业间的分隔正逐渐模糊，彼此之间的融合和交织日益紧密，系统的开放性特征变得更加明显。得益于海量数据、互联网和电子商务平台的支持，企业在选择合作伙伴时拥有了更广阔的视野。商业生态的参与者呈现出动态变化的特点，企业间的合作关系构成了一张复杂的非线性网络。这种现象表现在两个方面：一方面，传统的大型企业正在从以传统供应链为基础的运营模式转向网络化的生态价值链，实现了互利共赢的分工与合作；另一方面，企业之间通过协同商务模式建立了紧密的合作关系，使得地理上分散、结构上独立的企业能够联合起来，形成一个灵活的“虚拟企业”或“企业联合体”。利用大数据的力量，深入挖掘和分析商业生态中出现的协同组织形态及其运作机制，有助于优化资源配置，实现动态组合与共享。

3. 社会大众的交流与反响

大数据时代，商业生态参与者之间的竞争与合作呈现出更加复杂和非线性的特征，其不确定性与网络结构的易损性亦同步增加。以用户的深度参与为特点的创新模式，对于商业生态的动态变化和冲击有着更为明显的影响。在这个背景下，海量的数据主要是由互联网用户积极参与产生的，而新产品或服务在其价值链的各个环节，从创意设计到生产制造、质量控制、市场推广以及销售，都极其注重公众的参与、互动和反馈。这种模式不仅有利于产品和服务的不断优化与创新，而且促进了企业与社会群体之间的和谐互动和共同发展，打破了传统保守的管理方式。这样的发展态势，不仅推动了商业生态的持续进步，也实现了生态内各元素的协同进步。

三、企业核心竞争力在大数据时代面临的挑战

（一）核心竞争力的要素

在当今大数据时代浪潮中，企业战略布局正经历一场革新性的变革。大数据与云计算战略崭露头角，成为继三大经典竞争策略之后的全新核心竞争力。这种战略转向意味着，大数据和云计算将在企业的传统竞争中扮演关键角色。管理者必须加大对这两者的了解和投资，将它们融入企业的核心竞争策略。通过大数据和云计算战略，企业不仅能够整合分散的数据资源，打造全方位的竞争格局，还能够及时捕捉市场变化和竞争者动态，快速制定更具针对性的竞争策略，进而在竞争激烈的市场环境中赢得先机。

在传统观念中，企业竞争力通常反映在人才、决策力、组织结构、员工素质、企业文化以及品牌形象等方面。但是，随着大数据时代的到来，数据资源逐渐崭露头角，成为企业新的核心竞争优势。信息和数据，作为智能化的新资本形式，正在逐步超越人力资源，成为企业不可或缺的重要资产。企业若能实时获取并有效利用这些信息和数据，便可以优化和重构业务流程，支持企业作出更加科学合理的决策，进而提高整体的管理效能。

根据 IDC 与麦肯锡的研究报告，大数据在商业价值挖掘方面的应用主要包括以下四个方面：

1. 通过对消费者进行细致分群，为各个细分市场定制专属的策略与行动方案；

2. 运用大数据技术模拟实际场景，发掘潜在需求并提高投资回报率；

3. 促进大数据成果在企业内部不同部门之间的共享，以提高整体管理与产业链的效率；

4. 推动商业模型、产品及服务的创新与发展。

随着大数据技术的崛起，企业面临着前所未有的挑战，这一技术彻底转变了企业对数据采集、处理和交流的传统模式。数据已经成为企业至关重要的资源，数据分析能力亦逐步成为企业在市场竞争中脱颖而出的关键因素。为了适应新的发展环境，企业必须把高效管理和大数据分析作为增强核心竞争力的战略核心。

（二）产业融合与转变

企业在执行财务战略的过程中，旨在有效管理和提升财务资源，以期实现企业利益的最大化。其核心宗旨是提升财务实力，使得企业在调配财务资源、处理财务关系及面对财务风险时，相比竞争对手，能够获取更为优越的竞争地位。这一目标主要体现在以下几个主要方面或能力上。

1. 拥有建立财务体系的能力、推动财务管理革新与进步的技巧，以及发现财务风险和危机的能力。

2. 通过采纳高效的财务策略，增强企业的财务基础，可以巩固企业整体战略的支撑能力，进而提高企业的核心竞争力。

在当今大数据时代的洪流中，产业间的融合和细分协同发展愈发鲜明。大数据如同一条隐形的链条，将原本看似不相关的行业紧密相连，通过对这些信息的深入挖掘与应用，推动了各行业的整合进程。同时，在大数据的背景下，企业与外界的交流更为紧密且频繁，市场竞争也愈发激烈。因此，对大数据进行广泛且精准的挖掘和细分，以发掘企业在特定业务领域的机遇，已成为企业打造竞争优势和实现重大突破的核心战略。

大数据时代，产业模式正经历着根本性转变。这种转变不单单改变了企业获取外部资源的方式和需求特征，而且还推动了价值创造和传递方式的创新。因此，企业迫切需要重新评估行业的核心要素，包括潜在的竞争者、供应商、替代品、消费者以及行业内的竞争状况等主要因素，以便制定出适应大数据时代要求的有效竞争策略。

（三）数据资源的重要性

在当前数据被视为一种新兴自然资源的大背景下，企业正面临着既充满挑战又蕴含巨大商机的数据竞争时代。数据就像未经雕琢的原材料，必须经过深度的产品化与市场化加工，才能转化为造福民众的优质产品。企业运用大数据技术，目的是提高决策管理的科学性，这本质上是在新时代背景下，构建一个将人与机器智能相结合的企业战略决策系统。通过这一系统在信息采集、数据分析、筛选优化、服务提供、协调管理和控制监督等方面的功能，企业能够准确把握自身和行业的发展趋势，实时追踪市场和客户需要的动态变化，深入分析自身与竞争对手的实力及发展动态。依托大数据技术，企业能够整合各类决策资源，制定和执行科学的决策流程与方法，以形成科学合理的决策结果，保障各部门之间的协调运作，并建立一个有序且充满活力的协同机制。

将企业决策机制与外部环境有效结合，对于制定科学合理的经营策略至关重要，这有助于企业在激烈的市场竞争中保持领先优势。大数据技术的潜力无疑极为巨大，其对各行各业的影响也将是深远的。但是，大数据技术要实现预期的效果，关键在于是否能够开发出适应信息时代需要的应用策略。在市场竞争和合作的过程中，如果缺乏切实可行的应用模式，大数据对企业来说就如同水中月、镜中花，遥不可及。企业只有找到盈利点和可行的商业模式，大数据产业才能走上持续健康发展的道路。

（四）企业在不同发展阶段所采取的财务战略与其核心竞争力之间存在着紧密的关联性

企业的核心竞争力增强有赖于对资源来源及其分配的优化，特别是财务资源的核心作用不可忽视。因此，高效的财务战略管理对于提升企业核心竞争力具有极其重要的促进作用。

1. 企业在核心竞争力构建初期采取集中型的财务战略

在企业竞争力形成的初期，尽管已显现出一定的竞争力特征，但其创新能力较为薄弱，创造的价值和利润相对较低，同时面临较高的经营风险。面对市场扩展的迫切需要，企业需要大量的资金支持。由于此时企业的信誉尚未完全建立，外部融资的能力受限，因此在这个阶段，企业宜采取一种集中的财务战略，即通过集中和优化内部资源，以提高市场占有率，为未来构建核心竞争力打下坚实的基础。

在资金筹集方面，企业应选择低负债的融资策略，主要依赖内部积累和个人投资者的资金。这意味着内部融资是此阶段最合适的融资方式。在投资策略上，企业应该采取内生增长的方式，重点在于挖掘内部潜力，提高现有资源的使用效率，以减少经营风险。这种集中的财务战略侧重于内部资源的开发利用，有助于降低运营风险。

至于盈利分配，企业在此阶段不宜实行分红政策，而是应该将赚取的利润再次投入市场开拓和技术研发中，强化内部资本力量，为提升企业的核心竞争力提供必要的物质支持。这样的策略不仅有助于企业在竞争激烈的市场环境中站稳脚跟，也为未来的可持续发展奠定了良好的基础。

2. 企业在核心竞争力建设的关键时期采取扩展性的财务管理策略

在企业的发展壮大阶段，其核心竞争力逐步稳固并展现出长期的竞争优势。在这一关键时期，企业不仅要关注交易成本，还应加大对知识与资源的保护性投资。为此，企业应当充分发挥并强化其核心竞争力，在财务战略上应实施扩张策

略以扩大资产规模；在资金筹集上，采取高负债的融资方式；投资战略上应推行一体化路径；而在利润分配方面，实行较低的分配比例，从而提升企业的综合竞争力。

3. 企业在核心竞争力保持稳定期间采取保守的财务策略

在现阶段，企业应当开始调整其资源战略，转向更为保守的财务策略，以此分散财务风险，保障资产的稳健增长。企业可以考虑适宜的债务融资途径，依托已积累的稳定盈利资金，在发展过程中有效利用这些资金，进而降低利息负担。在投资方面，企业应采纳多元化的投资策略，并在利润分配上实行逐步增长的策略。随着企业整体实力的显著增强和资金储备累积到一定水平，企业将拥有较强的资金支付能力，此时可以逐步推行增加股份分红策略。

四、大数据时代企业竞争优势的演化方向

（一）对企业内外部环境的影响

大数据已经渗透至各行各业及业务职能的各个层面，成为推动生产力发展的重要力量，其发展与生产力的提升紧密相连。随着互联网技术的持续进步，数据量预计将出现爆炸性增长。企业能够快速获取、处理和分析大规模且多样的交易数据、交互数据及传感器数据，从而实现信息价值的最大化。这一能力对于企业提升核心竞争力和抓住市场机遇至关重要。大数据凭借其巨大的商业价值，正成为驱动信息产业变革的新动力。它不仅能促使新产品的研发、设计、生产乃至工艺测试等环节发生根本性转变，显著提升企业的研发和生产效率，而且对于金融服务、电子商务等传统服务行业而言，大数据已经成为推动其发展的宝贵资源。

大数据不仅是推动传统产业升级换代的动力源泉，也是激发新兴产业发展的主要推动力。在当今社会，数据的重要性不亚于基础的自然资源如矿物和化学元素。展望未来，大数据有望与制造业、文化创意产业等传统行业深度融合，进而孕育出具有战略意义的新兴产业形态，如数据服务、数据化学、数据材料、数据制药和数据勘探等。这样的整合将进一步加快传统产业的现代化步伐，并促进新经济模式的诞生与成长。

（二）获取竞争情报的新平台

在数据开放的时代大背景下，企业得以借助浩如烟海的数据资源，冲破时间和空间的束缚，进而在更高层面上构筑自身的发展平台。随着经营环境的不断变化和不确定性的增强，企业必须不断更新其经营策略以应对这些变化。唯有与外部环境同步前进，企业才能在市场竞争的浪潮中稳固自己的阵脚。

大数据技术的发展为企业决策提供了可靠的数据支撑，使得决策不再单一地

依赖于管理者的主观判断和经验。目前，企业能够依托于更加科学的数据分析方法，提高决策的准确性，为战略发展指明方向，从而增强企业的核心竞争力，并挖掘可持续发展的潜力。

在大数据时代，企业获取重要情报的途径主要分为两大类：网络渠道和企业内部渠道。

首先，网络渠道为企业提供了丰富的外部信息来源。企业可以通过免费或付费的方式，收集有关市场竞争、宏观经济环境、政策变化和行业发展趋势的信息。比如，通过电商平台，企业可以获得竞争对手的产品详情、定价策略和营销活动等竞争情报；通过新闻报道、公开的公司专利信息和企业数据库，企业可以实时追踪竞争对手的最新动态。对于客户数据，企业能够利用电商平台和内部门户系统收集消费者的在线反馈和评价。此外，通过查阅国家各部委的公告、地方政府的产业政策、地方发展规划和产业园区信息等官方渠道，企业可以直接获取系统化的政策解读，更好地把握政策导向和市场机遇。

其次，企业内部的信息流通对于情报搜集同样具有重要意义。企业能够依托内部信息系统、官方网站或网页、客户服务系统等工具，对内部数据进行深入分析与挖掘。尤其在处理涉及企业核心业务的敏感数据时，考虑到数据安全的极端重要性，这些数据的处理和分析应当在企业独立构建的平台上进行。这种方法能够为整个集团及其下属子公司营造一个统一操作的环境，避免在不同分支机构之间进行基础设施的重复建设，进而保障数据的安全性和一致性。

企业融合网络信息与内部资源，不仅有助于全面把握外部市场的动态和内部运营的现状，还能增强决策的科学性和准确性，这将为企业的稳步发展和竞争力的增强打下坚实的基础。

（三）实践中的创新尝试

大数据技术首度实现了跨领域的整合，将用户、解决方案供应商、服务提供商、运营商以及产业链上游的生产商集结于一个共同的平台上。这一技术不仅在企业级和消费级市场得到广泛应用，也已成为政府公共服务领域的重要工具。以企业供应链为例，依托大数据技术，企业能对供应商平台、仓储库存、物流配送、交易系统及数据分析等多个环节实施整合和优化，从而实现数据资源的统一管理和共享，促进供应链管理模式的创新。根据 IBM 对全球经济学家的调研，每年因供应链效率不高导致的损失，高达全球 GDP 的 28%。

零售商家运用大数据技术打造智能商务平台，通过分析消费者购物行为的数据模型，对采购和销售流程进行优化，对线上线下物流配送和交易活动进行合理规划。这样的平台还能实时监控库存状况，及时进行预警分析，保证库存和价格信息的及时更新。以知名零售巨头百思买为例，其成功经验颇具借鉴意义。百

思买通过构建一个集成多种订单处理功能的统一平台，实现了消费者在引流、选择、购买、支付、取货及服务等多个购物环节的线上线下无缝对接。得益于后台系统数据的全面整合与共享，这不仅大幅降低了运营成本，还提高了库存管理的精准度和服务水平，从而增强了消费者的全渠道购物体验。

第二节　大数据时代对企业财务决策的影响

一、大数据时代下数据质量的保障

（一）面临管理环境的挑战

大数据时代，每个人都是数据的生产者，企业的各项业务活动也都以数据的形式存在。为了确保这些数据的质量，企业必须建立起一套全面而严格的数据质量管理规范。这不仅包括在数据库设计之初就考虑大数据可能引发的各种挑战，还需要采用专业的数据获取和分析工具，并配备专业数据管理人员。同时，提高员工对数据质量重要性的认知同样至关重要。通过这些措施，企业才能从海量数据中提炼出准确、有用且具有价值的信息。

借助云计算技术，大数据在信息收集、决策支持及效果评估等多个方面对企业产生了深远的影响，深刻改变了企业的管理决策流程。研究表明，我国那些采取数据驱动策略的企业，在内部运营效率和财务健康状况上普遍表现出色，这充分展示了数据驱动在财务领域的显著成果。大数据中的信息具备预测性，对知识经济中的各种生产要素起到了积极的推动作用。因此，利用大数据已经成为企业走向现代化的关键步骤之一，为企业提供了全新的视角和决策环境，极大地促进了企业的管理水平和发展潜力。

（二）面临流程视角的挑战

首先，在数据生命周期的整体框架中，数据的生产流程主要涉及数据采集、数据存储和数据应用这三个主要环节，每个环节对大数据质量的要求各有侧重，所遇到的挑战也不尽相同。在数据采集的起始阶段，由于大数据来源的多元性，数据收集的任务尤为复杂。来自不同渠道的数据在结构上往往差异明显，企业在此阶段面临的主要难题是如何有效地整合这些异构的数据资源，并保障数据的高质量。除此之外，不同数据源之间常常会出现数据冲突、不一致性或矛盾，这些问题在数据量较小的情况下可能通过简单的比对或人工审核来解决，但在大数据的背景下，传统的解决手段往往捉襟见肘。同时，大数据的实时动态特性使得某些数据具有极强的时间敏感性，如果不能及时收集这些数据，可能会导致数据变得陈旧或失效，从而影响大数据的整体质量。数据采集作为数据生命周期的起始点，其质量直接决定了后续数据处理和应用的效果。因此，企业必须对数据源头的质量控制给予高度重视，为后续的数据分析和利用打下坚实的基础。

其次，随着大数据的日益多元化，传统的单一数据存储模式，如关系型数据库的表格存储方式，已经无法满足大数据的存储需要。企业需要采用更先进的数据库技术和定制化的存储解决方案，以高效管理和存储大数据，确保数据存储的效率和质量。目前，我国大多数企业仍然主要依赖结构化数据，并沿用传统的数据存储架构，如关系型数据库。对于非结构化数据，企业通常的做法是先将其转化为结构化数据再进行存储和分析。然而，这种方法在应对大数据的规模、复杂性和快速变化等方面显得力不从心，且在转化过程中，数据的完整性、有效性和准确性可能会受到影响。

数据存储是确保数据质量的关键环节。如果存储的数据存在不一致、不完整或不准确的情况，那么数据的质量就会大打折扣。因此，若想深入挖掘大数据的潜在价值，企业必须革新现有的数据处理方式，转向能够同时处理结构化和非结构化数据的新技术，同时不断优化适用于大数据环境的数据库架构。这不仅是提升数据质量的必要条件，也是企业在未来竞争中保持优势的关键。

最后，在数据应用过程中，其核心价值体现在对数据的高效处理与分析上。大数据的处理往往需要团队成员间的密切合作，包括数据的抽取、分析、更新和利用等环节，任何一个环节的疏忽都可能导致数据质量下降，进而影响决策的准确性。此外，数据的时效性是评估大数据质量的一个重要因素。如果企业不能快速完成数据分析，及时从数据中提炼出关键信息，就可能错失在市场竞争中占据有利地位的机会。因此，确保数据处理的高效性和数据的及时性对于提升企业竞争力至关重要。

（三）面临技术视角的挑战

从技术的角度出发，我们关注的重点在于如何通过数据库管理、数据质量审核与识别技术，以及数据分析技术来保障大数据的质量。理论上，大数据及其分析技术能够为企业提供更加准确的预测信息、更为可靠的决策支持和更加高效的干预措施。然而，如果大数据的质量存在问题，那么这些潜在的优势将难以得到有效发挥。因此，确保数据质量是实现大数据技术价值的前提条件。

在数据量较小的情况下，企业通常可以依赖关系型数据库来满足其存储需要。对于大多数中小型企业而言，其信息系统中的数据记录数量大约在数千到数万条之间，而对于大型企业，这一数字可能达到数十万条。在这样的数据规模下，对数据库中可能存在的错误、遗漏、无效或延迟数据进行检查相对简单，通常几分钟甚至几秒钟内就能完成对所有数据的扫描和校验。

然而，随着大数据时代的来临，企业面临的数据量呈指数级增长，数据类型也更加多样化，不仅包括传统的结构化数据，还有大量的非结构化数据。数据之间的关联性也变得更为复杂。在这种情况下，识别和检测大数据中的错误、遗漏、无效或延迟数据变得极具挑战性。这可能涉及分析数百万乃至数亿条记录或语句，远远超出了传统技术和方法的处理能力，往往需要数小时甚至数天的时间来完成全面的扫描和检测任务。因此，企业需要采用更先进的技术和方法来应对大数据环境下的数据质量管理挑战。

在当今的大数据时代，数据质量的控制与管理正面临前所未有的挑战。传统的数据库技术、数据挖掘工具及数据清洗方法，在处理速度和解析能力方面已显得捉襟见肘，难以满足大数据时代的需要。那些专门为小数据量设计的质量检测工具，在应对大数据环境中的问题发现与识别时，已显得不再适用。为了满足业务发展的需要，企业不仅需要部署高效的数据存储解决方案，还必须开发或引进先进的、智能的、专业的数据分析技术。唯有如此，企业才能有效应对大数据环境下的数据质量问题，顺利实现数据的整合、分析和可视化，进而深入挖掘和最大化利用大数据的潜在价值。

（四）面临管理视角的挑战

从管理层的视角出发，深入探讨高层管理者、专业管理人员及技术分析师在大数据质量控制过程中所承担的主要职责与重要作用。

第一，企业高层管理者的积极关注和支持对于大数据管理的成功与否具有决定性的影响。在高层管理者的坚定支持下，大数据相关战略实施和规划才有可能顺利推进，相关质量管理措施也才能得到有效执行。如果没有高层管理者的积极推动，企业对大数据的管控、分析和应用的重要性将大大减弱，大数据的质量难以得到充分和有效的保障，这不仅会削弱大数据价值的挖掘与应用，还会对企业竞争力的提升产生不利影响。因此，企业必须在高层管理者的领导下，加深对大数据质量管理重要性的认识，积极构建和完善数据质量保障体系，确保大数据能够为企业带来最大的价值。

第二，在确保大数据质量的过程中，专业的数据管理人员发挥着至关重要的作用。鉴于大数据的高度复杂性，相关的管理工作也变得更加具有挑战性。因此，当前企业迫切需要的是那些不仅拥有强大的数据分析能力，还对企业业务有着深入了解的复合型人才。首席数据官（CDO）便是这类人才的典范。CDO 是保障企业大数据管理效率和质量的核心人物，其角色不可或缺。为了最大程度地发挥大数据的价值，企业必须任命 CDO 来承担大数据所有权的管理、元数据标准的设定，以及大数据管理策略的规划与执行等重要职责。

我国在数据管理领域存在的问题，反映了管理手段的落后，这已成为制约大数据应用和提升数据质量的主要障碍之一。在当前的大数据环境下，传统的数据管理方法已无法满足对数据质量的高标准要求。过去，多数企业在运营过程中，通常将数据管理的职责分配给业务部门，而信息技术的应用则由IT部门负责。这种分离的管理模式导致业务人员往往不了解用于分析数据所需的IT工具，而IT人员在利用技术进行数据分析时，又常常缺乏对数据业务背景的了解，甚至可能出现误解，进而影响企业决策的准确性和有效性。因此，改进数据管理方式，加强业务与技术之间的协同，已成为当前亟待解决的问题。

企业必须对组织架构和资源分配进行全新的整合，以保证数据管理和分析部门能够成为企业核心决策层的一部分。在这一转型过程中，设立首席数据官（CDO）成了一个关键的转折点，象征着企业改革取得了实质性的进展。

第三，面对大数据带来的挑战，企业需要组建一支由专业数据库设计师、资深程序员以及擅长数学和统计分析的专家构成的团队。这样的团队不仅能够确保大数据的质量，还能充分挖掘其商业价值。此外，在数据生成、处理等关键环节，企业还应配备专业的数据管理人员。这些管理人员需要深入了解数据生成的全过程，以实现对数据质量的有效监督和管理。例如，在数据收集阶段，应设置专人负责记录和定义元数据，确保数据的清晰可解，从而使所有员工对数据有统一且准确的理解，从源头上保障大数据的质量。

二、大数据对企业管理决策的影响

（一）大数据环境下的数据及知识管理

1.大数据的数据管理

大数据时代，企业管理的决策流程正变得越来越依赖于技术和专业知识，数据已经成为决策的核心。因此，确保数据质量和内容管理的效率对企业发展极为关键。如果企业不重视数据的处理和存储，可能会面临数据丢失的风险，这种情况将削弱企业通过数据分析了解市场动态的能力，进而影响其在市场中的竞争地位。

传统观念中，会计的主要职责被认为是进行财务核算和监督。在企业的日常运营中，会计人员通常负责较为基础的任务，如审核会计凭证、记账、编制财务报告和管理档案等。然而，随着大数据时代的到来，这一情况正在发生变化。会计的职能正在从传统的财务核算向提供更高价值的服务转变，即实现价值的提升。大数据管理不仅复杂而且耗时，需要对数据进行筛选、提取和整合，以确保数据处理的高质量和高精度。在此基础上，还需对信息进行汇总，确保数据的生成和处理能满足基本需要。同时，将实时数据分析置于核心位置，深入挖掘数据实时应用的价值。在这个过程中，快速处理实时数据尤为重要，因为数据之间存

在着复杂的相互联系。大数据的出现打破了传统的因果关系框架，数据间的关联性为信息挖掘提供了新的可能性，不仅提高了信息的可信度，还揭示了大数据的潜在价值。

2. 大数据的知识管理

从知识管理的角度看，数据不仅是知识的来源，也是影响企业决策方向的关键因素。在当今的大数据时代，企业若要从海量数据中提炼出管理决策所需的知识，就必须借助大数据技术进行深入挖掘，构建一个全面的知识体系。这些分析显示，数据管理和知识管理是相辅相成的，二者共同反映了企业对大数据的应用水平。确保数据管理和知识管理的协同发展尤为重要，这不仅有助于企业在大数据应用过程中更深层次地挖掘其潜在价值，还能为企业开辟新的发展道路，从而增强企业的核心竞争力。

在当前以数据为中心的时代，知识驱动型企业展现出了更快的创新速度和更频繁的产品迭代。随着互联网和电子商务的普及，企业在选择合作伙伴时拥有了更广阔的选择空间，其商业生态系统的成员构成也呈现出不断变动的动态特征。在这个生态系统中，成员间的关系不再遵循简单的线性模式，而是形成了复杂的非线性互动格局。在差异化数据的指引下，市场细分与行业整合充满了不确定性。这些不确定因素加速了企业内外部信息、资源和能量的流通，为自组织的形成创造了条件。

以知识为核心的技术创新对企业的生态系统产生了重大影响。宝贵的数据资源不仅为企业制定战略、推动技术创新、理解客户需求提供了方向，还充当了促进企业生态系统从有序状态向耗散结构转变的催化剂。这一转变过程推动企业生态系统迈向新的稳定发展阶段，为企业带来了新的发展机遇和挑战。

（二）对管理决策参与者的影响

1. 凸显数据分析师的价值

大数据时代，数据分析师在企业管理决策中发挥着不可或缺的作用。他们利用统计分析方法和先进的分布式处理技术，对海量数据进行综合分析，并以直观的形式向管理层呈现关键数据信息。然而，目前面临的一大挑战是数据分析师人才的严重短缺，且培养这类专业人才需要较长时间，这暴露了人才培养方面的一个重要短板。随着大数据技术的发展，传统的基于经验和直觉的决策方式正在发生变化，决策者越来越依赖精准的数据分析来做出判断。在许多传统企业中，由于在数据处理和应用上的不足，数据的完整性往往不够，导致高层管理者在制定决策时仍然主要依赖个人经验和直觉。

大数据的应用，基于对基础数据的深入分析，并结合管理者的实践经验，能够显著提升决策的准确性。对于企业的一般管理人员和员工而言，大数据提供了丰富的决策信息，不仅提高了他们的决策水平，优化了决策质量，还使决策更加贴合企业和员工的实际需要。

在当前互联网信息化的背景下，科技的快速进步正推动着各行业领域的深度融合，产业边界日益模糊，社会性决策的范围也在不断扩大。因此，在这样一个多元化的环境中，决策的来源变得更加多样和广泛，全员参与的管理决策模式也越来越受到重视和推崇。

2. 创新以大数据为基础的主要业务和活动流程

在浩瀚的大数据时代背景下，企业生态系统的核心成员、资源分配模式、架构设置、价值生成方式及网络范围等方面正不断经历着深刻的调整和重塑。依托大数据的创新业务模式及活动流程，已经成为企业生态系统在市场竞争中脱颖而出的核心动力。这一创新的核心，在于将大数据作为支撑，对主要业务和活动流程进行深度整合与优化。

（1）通过对合作伙伴的全方位大数据进行细致分析，物流公司可以精确地选定最优的运输方式和配送路线，进而优化作业流程，大幅提高物流配送的效率。

（2）将大数据作为企业活动的重要资源，能够创新企业生态系统的价值活动。例如，玩具制造企业可以利用企业生态系统内的合作伙伴交易数据、客户购买行为数据、产品质量数据等重要信息进行分析，以优化产品设计和提升产品质量，从而创造新的价值增长点。这种方法不仅有助于增强产品的市场竞争力，还能为企业开拓新的市场机会。

（3）企业依托大数据技术，改革陈旧的营业方式和操作流程，打造出一个崭新的商业生态系统，推动经营和协作模式的变革。

（三）对管理决策组织的影响

1. 重构决策权

在大数据的支持下，全员参与内容生产已经成为一种新的趋势，这一变革正在深入地改变企业的决策模式。它不仅推动了决策内容的变化，还引发了决策权的重新调整，从而显著地影响了企业的决策架构和决策文化。在探讨企业管理的决策组织时，我们应当聚焦于两个关键问题：一个是决策过程中集中与分散的抉择，另一个是决策权的具体分配机制。

从组织理论视角来看，在稳定可预测的环境下，企业组织过程中的影响因素相对较少，这有利于建立一个集权且层次分明的决策体系。但在充满不确定性的环境中，采用分散决策结构对于指导管理决策变得至关重要。在快速变化的环境中，分散决策模式更具有独特的优势，为企业管理决策的制定提供更多灵活性，这是集中决策模式难以达到的。

企业的架构在一定程度上会受到知识分布及其传递成本的作用。在高层管理

权力较为集中的企业中，其管理决策往往需要依赖一个集中的决策体系来完成。

在市场经济的大环境下，企业的竞争力和其决策权的合理配置紧密相关。目前，不少企业未能依据员工的实际能力合理分配决策权，导致员工潜能未得到充分利用，进而影响决策的效率与效果。根据扁平化理论，员工的技能与信息掌握程度越高，其应享有的决策权也应越大；知识与权力的匹配度越高，管理决策的品质也就越佳。伴随着信息技术和互联网技术的发展，企业正从传统的金字塔型管理模式，转向以人为本、结构更为扁平的管理模式。

在如今的大数据时代，企业基层员工获得了更多的主动权，这推动了组织结构向扁平化发展的趋势，并让决策分配变得更加灵活以应对各种变化。企业在制定管理决策时，必须全面考量决策过程中涉及的各种因素，并研究在大数据背景下如何打造更高效的组织架构。

2. 重塑企业文化

在大数据时代，企业管理决策文化正经历着显著的变革。关键在于理解，大数据的应用目的不仅限于获取具体的信息内容，更重要的是通过大数据了解到可以获取哪些有价值的信息。将大数据融入企业管理决策中，能够有效转变传统的思维方式。面对重大决策时，企业需要通过收集和分析相关数据，确保决策的准确性和有效性。这不仅是一次思想观念的更新，更是对企业数据使用具体执行能力的提升。此外，企业内部管理人员应通过大数据的应用，促进内部管理策略文化的形成，基于具体数据进行合理分析，优化内部管理决策文化形成过程。在企业发展的各个阶段，管理人员应充分利用大数据改善内部管理决策环境，通过大数据对企业文化制度及各方面内容进行创新，以提高决策的客观性和科学性。

在处理大规模数据集以提取决策关键信息的过程中，企业面临的是一项挑战重重的任务，这一过程涉及数据挖掘、处理及创新等多个环节。企业不仅需要全员参与以保证数据管理的高效，还需构建一个基于数据的决策框架。为了达成此目标，企业需着手优化其数据处理流程，并塑造一种重视数据运用和处理的企业文化。具体实施分四个步骤。

1. 制定涉及数据采集和处理的规章制度，包括设定数据收集与存储的统一标准，制定数据传输与共享的规范，以及建立维护数据安全的相关章程。

2. 通过开展培训、学习、讨论及评估等系列活动，增强员工对数据处理与应用的认识，确保每位员工都能适应以数据为核心的工作方式。

3. 在企业内部设立有效的知识激励体系，如制定知识贡献的评价准则，执行绩效评估与奖惩机制，以推动知识的生成、分享和应用，打造具有特色、规模化且持续创新的知识资产，使之成为企业核心生产要素的组成部分。

4. 培育一种重视数据处理与应用的企业文化，让数据成为推动企业决策和创新的核心动力。

通过这些举措，企业不仅能显著提升数据处理的效率与质量，还能增强员工对数据价值的认识，进而营造出一种积极进取的数据驱动型企业文化。

三、大数据时代下的企业决策管理

（一）大数据时代下企业决策管理的困境

1. 环境更加复杂

大数据时代，企业决策管理呈现出双刃剑效应：一方面，它为企业带来了海量的信息资源，拓宽了决策的视野；另一方面，企业也必须应对一个信息爆炸且瞬息万变的决策环境。

随着偶发事件数据的频繁出现，企业需要依托云计算平台迅速整合各类数据，打造一个高度整合的决策管理系统，从而高效地收集、分析、处理并储存庞大的企业数据。在这样的背景下，环境的复杂性使得决策信息的搜集和分析、决策方案的制定和选择变得更加困难，这对决策者的管理决策构成了更大的挑战。

2. 企业在筛选与决策相关的信息时，往往面临着较高的鉴别难度

在如今这个大数据迅猛发展的时代，互联网上的数据正以惊人的速度增长，人类每年的数据产出已经从 TB 级别跃升到了 PB、EB 乃至 ZB 级别。这样庞大的数据量所包含的信息已经远远超出了普通企业管理者的处理能力，使得信息处理的工作量大大增加。同时，传统的数据管理和分析技术已经无法有效地挖掘这些海量数据的潜在价值，从而提高了评估信息价值的复杂性。这就使企业在决策管理过程中，对于信息的判断、筛选和应用变得更加复杂。因此，企业迫切需要建立基于先进大数据技术的新型、高效管理决策系统，以便更有效地搜集、筛选、分类和利用关键数据，推动企业决策过程向更科学化的方向发展。

3. 企业的决策流程未能与市场的快速变化保持同步

在传统商业运作模式中，企业决策往往需要经过烦琐的信息搜集、深入研究、细致分析，以及众多的方案筛选与评估，这一过程可能导致决策速度缓慢，从而使企业错失关键的市场机会。在大数据时代，企业必须拥抱科学化的决策方法，大幅简化决策流程。在充满竞争的市场战场上，迅速反应和把握主动权变得格外重要，这是确保市场领先地位的关键。因此，未来企业的竞争力将日益取决于对大数据的应用能力。企业需要利用大数据的分析与整合能力，快速识别出对决策具有决定性影响的关键信息，并据此做出准确的决策判断。

4. 企业的决策参与者呈现出多样化趋势

在信息化时代，企业决策越来越依赖于技术知识和大量数据的支持。众多专家、学者和技术人才加入决策团队，使决策主体更加多元化，知识结构也更为丰

富，这在一定程度上减少了集体决策中的主观偏差。为了进一步提高决策管理的科学化水平，企业亟须构建一个决策管理系统。该系统应利用大数据技术进行数据的采集、分析和筛选，建立科学的数据指标体系，从而为管理决策提供更加坚实的数据支持。

5. 传统的企业决策模式亟须进行创新改革

大数据时代，企业决策的制定必须依托于决策数据。与传统的逻辑推理不同，大数据分析要求对海量数据进行统计分析，运用搜索、比较、聚类和分类等技术，目的是探究数据之间的相互联系。通过建立以大数据为核心的企业决策管理系统，我们可以在复杂的数据中探寻潜在的规律和相互关联的网络。这种关联性通常是通过支持度、可信度和兴趣度等参数来衡量的。如果在数据挖掘的过程中，某一策略被发现与企业的盈利增长有显著的正相关，这将为企业的决策管理提供有力的战略支持。因此，企业管理层需要跟上时代的步伐，及时更新和优化决策管理方法，以更好地发挥数据关联性在企业决策中的作用。

（二）构建依托大数据的企业决策管理系统

1. 基于生态系统及其相互依存、协同发展的理念，推动决策过程的创新实践

步入大数据时代，企业的运营管理模式正经历一场革命性的变革。大数据技术的融入不仅帮助企业高效整合产业链资源，促进产业模式的创新，还重新定义了企业与员工、供应商、客户及合作伙伴之间的互动方式，推动了管理方式的创新。通过大数据，企业能够构建协同的价值链，推出创新的产品与服务，形成全新的商业模式。实际上，基于大数据的新型企业管理理念和决策模式在商业实践中已展现出巨大的发展潜力。

目前，现代企业正逐步放弃传统的以产品为中心的管理模式，这种模式过于关注产品、营销、成本和竞争等细节，转而采纳一种以服务为核心的新管理模式。新模式更加注重资源整合、能力提升、协同发展、价值创造和产业链合作等宏观层面的“企业网络生态系统”管理。这种管理模式特别强调社会媒体、网民群体与企业之间的有机结合和共生关系。因此，研究如何利用社交媒体和网民群体产生的大数据，探索企业群体的共生与竞争协同演化，构建可持续发展的企业网络生态系统，对于企业管理和决策至关重要。同时，还应重点关注社交媒体如何促进企业众包和协同发展，探讨基于网络大数据的企业生态系统建设，以及如何在企业生态网络中实现协调运作和公平的利益分配。

2. 基于大数据的企业决策支持管理系统

在大数据背景下，海量且复杂的数据对企业的决策管理系统技术架构构成了新的挑战，同时也要求系统具备更强的数据分析处理能力和数据驱动业务的能力。为了充分利用大数据技术，有效将其应用于企业决策管理中，需要构建一种

新型的、基于大数据支持的企业决策管理系统模型。该模型旨在优化和重组企业原有的业务流程，实现各类数据的整合与高效利用。

构建基于大数据支持的企业决策管理系统，可以分为三个主要层面进行设计。

第一，数据获取层。主要负责从四个主要来源收集数据，包括访问数据、交易数据、网络数据和购买数据。

第二，数据处理层。即决策协调控制系统，包括以下五个子系统：

决策数据采集子系统负责数据的收集；

决策数据分析子系统负责数据的分析；

决策数据筛选子系统负责数据的筛选；

决策数据服务子系统负责提供数据服务；

协调控制子系统负责整个系统的协调与控制。

第三，数据应用层。基于大数据的企业经营策略，具体涵盖生产策略、营销策略、财务策略、运营策略、客服策略和公关策略等六个方面。

通过这样的分层设计，企业不仅能够高效地收集、处理和分析海量数据，还能将这些数据转化为具体的经营策略，从而更好地指导企业的日常运营和长期发展战略。

四、大数据对企业财务决策的影响

（一）对财务决策工具的影响

在当前市场经济环境中，企业间的竞争愈发激烈，财务决策的效率已经成为决定企业胜负的关键因素。正确的财务决策依赖于详尽的事实依据和大量数据的分析，这对企业的信息技术提出了更高的挑战。然而，目前大多数企业的会计电算化仅完成了从手工到电脑操作的转换，而能进行财务数据分析的电算化系统却并不多。在财务决策者需要某些汇总数据时，通常需要会计人员手动从电算化系统中提取数据，然后进行整合处理，这无疑降低了企业的工作效率。在大数据时代，与企业决策相关的数据量不断增加，数据类型日益丰富，结构也更为复杂，这就增加了有效利用数据的难度。因此，企业对于信息智能化的需求越来越强烈，对财务分析和决策系统的升级和改进的需求也变得更为紧迫。

（二）对财务决策参与者的影响

1. 更加有助于决策的科学化

在传统财务管理实践中，决策者往往依据个人经验做出选择。然而，随着时代的进步和企业决策环境的日益复杂，这种传统方法已不能跟上市场的快速变化。现代企业的领导者需要依靠如数据挖掘等先进技术，通过数据驱动的手段深

入分析问题并提出问题。基于假设性分析，他们可以更准确地聚焦关键问题进行决策。大数据分析系统凭借其卓越的数据挖掘能力，能够有效地整合企业的财务和非财务数据，对未来的商业走向进行科学预测，减少了决策者单纯依赖经验判断所带来的风险。此外，该系统在决策者搜集信息的过程中，也能提供必要的辅助信息，推动决策流程向智能化方向发展，显著提升了企业财务决策的效率。

2. 促使决策者与相关人员之间实现顺畅的信息沟通

借助大数据管理系统，企业成功促进了不同部门间的信息交流，增强了信息的透明度，让管理层和员工能够更加便捷地获取与决策紧密相关的多样化信息资源。在此基础上，如果管理者与一线员工能够共同协作，充分发挥集体智慧，决策的效率和准确性将显著提升。在财务决策方面，大数据技术的应用不仅提升了企业内部信息沟通的效率，还大幅简化了与外部机构，如会计师事务所、工商、税务等的信息对接流程。随着云计算技术的普及，企业开始将运营数据转移到云端存储，而非仅限于传统的内部服务器，这为注册会计师的审计工作提供了巨大便利。同时，企业的财务和非财务数据能够实时受到政府部门如工商、税务的监督，有助于企业实现健康稳定的持续发展。

3. 提升了财务管理人员在专业技能上的标准要求

在大数据技术飞速发展与逐步完善的当下，企业在运营中对构建各类分析模型的需求日益增加，这对财务报告的时效性、现金流管理控制能力以及财务信息的深入挖掘提出了更严峻的挑战。财务工作者因此必须不断更新自己的知识库与技能。他们不仅要掌握深厚的财务会计专业知识，还需了解统计学和计算机科学的相关知识。这些综合素养对于提高数据可视化效果、为财务管理提供全方位的专业支持至关重要。在数据驱动的新时代，财务专业人士需与时俱进，积极促进财务管理模式的创新。

（三）对财务决策过程的影响

1. 对制定决策目标的影响

以往，企业通常以自身产品需要为中心来制定管理决策，但现在企业的运营核心已经转变为以满足客户需要为根本出发点。企业首先通过收集客户需求信息，进而制定相应的生产策略。以淘宝店铺中的好评和差评为例，顾客对产品的喜爱与否明显影响了企业的运营。企业可以利用大数据系统，汇总和分析这些反馈信息，从而全面评估财务状况，并为未来的发展制定出更加科学的战略规划。

2. 对企业实施全面预算管理的影响

在瞬息万变的市场环境中，企业必须根据自身的生产和运营情况，定期开展未来发展的规划和预测工作。然而，目前许多企业在进行全面的预算编制时，往往只是基于管理者的个人经验和静态数据，这种方法缺乏必要的灵活性。此时，

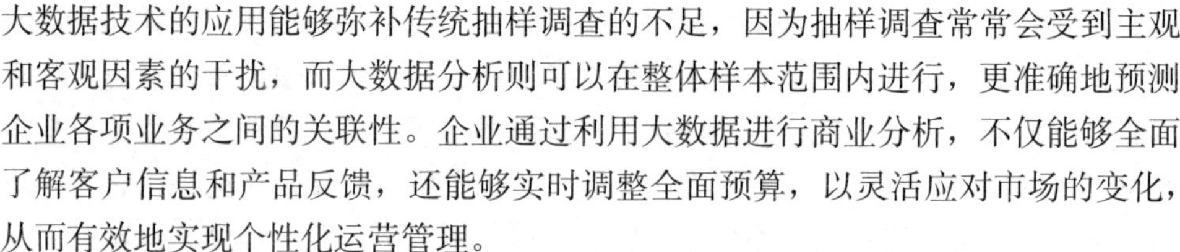

大数据技术的应用能够弥补传统抽样调查的不足，因为抽样调查常常会受到主观和客观因素的干扰，而大数据分析则可以在整体样本范围内进行，更准确地预测企业各项业务之间的关联性。企业通过利用大数据进行商业分析，不仅能够全面了解客户信息和产品反馈，还能够实时调整全面预算，以灵活应对市场的变化，从而有效地实现个性化运营管理。

3. 对成本核算的影响

成本核算是一项对企业运营过程中发生的成本数据进行深入分析与处理的重要工作。在这一过程中，财务工作人员会对一定时期内的生产成本进行周密的计算，同时根据生产活动的实际情况，对这些成本进行适当分配。为了达到精确的成本核算，企业必须从各个角度广泛搜集相关信息。依托大数据技术，企业可以采用多种途径来搜集成本数据，并据此制定出切合实际的材料消耗标准。此外，系统内部对工资明细、进销存记录和生产费用等结构化和非结构化数据的有效共享，不仅使成本核算工作更加细致和精确，也便于企业对主要成本进行深层次地分析，从而推动成本核算工作的精准化发展。

第三节　大数据时代对企业财务信息挖掘的影响

一、数据挖掘技术在企业中的应用

（一）企业在投资管理过程中有效地运用数据挖掘技术

企业在投资管理过程中运用数据挖掘技术至关重要，这一技术能显著提升投资回报并降低风险。因此，加强对数据挖掘技术的应用对企业来说至关重要。首先，在做出投资决策之前，企业需要全面收集并研究目标投资企业的各项数据，利用数据挖掘技术深入分析其财务状况和发展潜力，从而准确预测投资回报率。通过综合对比分析不同的投资候选对象，企业可以更加科学地制定投资策略。其次，财务人员可以利用数据挖掘技术对市场环境进行深入分析，以评估在当前经济状况下是否适合进行投资，并确定投资哪个行业或企业能够在控制风险的同时实现收益最大化。

（二）数据挖掘技术在筹资策略制定过程中的应用

在企业日常经营活动中，资金短缺是一个常见的问题，这促使企业必须寻求外部的财务支持。然而，融资的途径多种多样，各有其优势和劣势。企业在选择融资策略时往往感到困惑，即便进行了深入的调查研究，但是也可能难以找到完全符合自身需要的融资方式。利用数据挖掘技术，企业可以根据自身的融资数

据、资金需求的时间点等信息，对市场上的融资渠道进行深入分析和了解。这样，企业就能够筛选出最适合自己需要的融资方法，不仅能够满足资金需求，还能有效减少融资成本，这对于企业的持续健康发展具有极其重要的意义。

（三）数据挖掘技术在产品营销领域的应用

企业的生命力紧密依赖于产品的市场销售表现，销售的成果直接关系到企业的盈利能力和长期发展前景。如果企业的销售活动遇到困难，其价值的实现将变得复杂，甚至可能引发企业破产的严重后果。因此，销售是否成功对于企业而言，是关乎生死存亡的关键。在这种情况下，数据挖掘技术显得尤为重要，它能高效地分析市场需求与供给情况，帮助企业识别市场上的热销产品，从而增加销售机会。企业在利用数据挖掘技术优化销售策略时，首先是构建趋势分析模型，以便制定销售策略，确保产量与销量的动态平衡。其次，企业应当运用数据挖掘技术去发掘那些具备长远发展潜力的产品，通过深入分析产品的市场潜力，扩大生产规模，以便更有效地把握发展机遇，促进企业的持续发展。

（四）数据挖掘技术在财务风险分析中的应用

在企业日常运营中，各类风险始终相伴。利用数据挖掘技术，企业能够通过对大量数据的深入分析，有效发现和控制经营风险，从而促进企业的稳健发展。对企业财务状况进行数据挖掘分析时，企业必须首先全面搜集涉及企业各个方面的数据信息，以确保分析结果的完整性和准确性。其次，构建风险预测模型，将所收集到的数据输入模型中，利用模型对可能出现的风险进行准确预测，以便及时采取预防措施。如果风险预防措施未能达到预期效果，企业应立即中止相关业务，确保在任何决策过程中都将保障企业正常运营置于首位。

二、大数据时代的企业财务信息

（一）大数据时代企业在财务信息处理方面面临的挑战

1. 财务信息的相关性与及时性

在当前大多数企业中，财务人员普遍倾向于在会计周期结束时公布详细的财务数据，这些数据主要体现了企业上一个运营阶段的成果。然而，在企业的日常运营过程中，财务信息的传递往往缺乏及时性和效率，这使得财务信息通常只能应用于“事后的分析”。

在当前数据驱动的商业环境中，传统的财务报告方式，如三大核心财务报表和各种财务比率分析，正逐渐失去对内部用户的吸引力。企业内部的成本中心更加关注生产成本的波动趋势，而销售部门则更看重对不同地区和产品销售业绩的深入分析。随着大数据技术的进步，这种单一的财务报告模式已无法满足内部用户对多样化、定制化信息需要的增长。

2. 企业财务信息处理的复杂性不断上升

企业财务部门面临着内外部信息交流的双重压力。外部，他们需要处理海量的数据交换；内部，则要进行复杂的数据处理和加工。由于信息系统的数据来源变得愈发分散且缺乏统一标准，这给财务和业务信息的整合工作带来了前所未有的挑战。随着数据量的不断攀升，从财务活动、内部控制到政策法规等多源数据中，准确、及时地获取有效的财务信息变得愈发困难。

3. 专业人才储备相对不足

企业对于内部财务信息的掌握和处理变得至关重要。为此，信息技术专家需在内部控制制度的框架下，借助持续发展的网络技术，对内外部数据进行搜集、分析和加工，从而制定出针对性强、实效性大的财务报告。这一过程不仅需要扎实的财务知识背景，还需要跨学科的能力，比如计算机技术。这项工作具有极强的专业性和复杂性，只有具备相关知识和操作技能的专业人才才能生成更有价值的财务信息。然而，许多企业实际上都在面临财务专业人才的短缺问题，同时在员工综合素质的提升上也存在较大的挑战。

（二）企业推进财务信息化建设提升的有效策略

1. 提升对财务数据重要性的认识

在当前大数据时代，企业财务管理正在经历一场深刻的变革。财务数据不再局限于单一环节，而是贯穿于订单处理、采购、生产、库存管理和销售等多个业务流程，全方位地为企业提供信息支持。实时且准确的财务数据使企业能够更灵活地应对市场变化，提升其适应力和问题解决效率。

对企业领导者而言，充分意识到财务信息工作的转变迫在眉睫。这一转变为企业的核心战略变革，将显著影响企业的持续发展。我们必须摒弃传统的财务信息提供方式及数据类型，构建与大数据时代相适应的新型财务信息管理体系，以此高效推动企业战略目标的实现。

2. 成立专门负责财务信息管理的独立机构

在当前这个以大数据为核心的时代背景下，成立一个专注于财务信息管理的专业机构显得格外关键。企业的核心资产范畴已经超越了传统的资金、房地产以及知识产权，商业数据所蕴含的价值同样至关重要。这些错综复杂的商业信息最终都会在财务数据中得以体现。所以，建立一个独立于会计部门的财务信息管理部门，并招募具备较高综合能力的财务管理人员来处理这些商业数据及相关信息，变得尤为迫切。通过将财务信息管理从会计部门中独立出来，并吸纳经验丰富的专业人士，能够使财务信息管理人员从日常烦琐的会计核算工作中解放出

来。此外，该部门还需要吸引擅长数据分析的专家加入，专注于数据分析和解读，以实现团队成员之间的技能互补和协同效应。

构建一个科学的财务管理架构和流程对于增强企业财务信息化的水平及数据处理能力至关重要。在企业财务信息化建设过程中，决策者和管理者需深刻理解信息在管理与运营中的重要性，并将信息驱动的决策理念融入企业运营的各个环节。作为信息化管理的核心，财务信息化需要与基础数据、业务流程、内部控制等主要环节的信息化紧密结合。财务信息化系统应实现企业中心数据库与各部门子系统的流畅连接，确保采购、生产、销售等环节的物质流信息与财务信息的同步，为企业决策提供准确有效的信息支撑。因此，打造科学的管理框架和制定高效的业务流程，是保证企业信息化系统能够精准筛选关键数据的关键。

3. 构建系统完善的财务信息分类体系

大数据技术助力企业构建高效且实时的分析平台，保证产品从设计到退出市场全过程中分析和监控的一致性与连贯性，为企业产品的不断改进与发展提供坚实的信息支撑。此外，借助大数据技术，财务管理可以针对企业不同发展阶段提供定制化的财务数据，打破传统财务信息仅限于三大报表及财务比率的局限。

在现代数据驱动科技的帮助下，财务专业人士可以针对产业链的各个环节，开发定制化的财务分析模型。这赋予了财务部门实时更新并向成本中心提供产品成本数据的能力，使得成本中心可以根据成本波动迅速优化工艺流程或替换原材料，保持价格竞争力。同时，财务部门也能够向销售团队输出详尽的数据分析，涵盖不同区域、产品系列、利润状况和回款信息，助力销售团队更加灵活和准确地应对市场动态，确保企业盈利目标的最大化实现。

4. 提升财务信息化领域人才团队的专业技能与素养

在当前经济环境下，企业财务管理面临着诸多前所未有的挑战。为此，加强对员工的专业培训显得尤为重要，这不仅有助于提升员工的综合素质，更是企业持续发展的重要策略。企业需结合自身实际情况，邀请行业内有丰富经验的专家来为财务管理人员提供科学的职业技能指导，以此激发员工的学习热情，提升其专业能力。在数字化时代，财务数据已普遍实现电子化存储，财务人员必须掌握计算机技术，这样才能高效处理和分析数据，提炼出对企业有益的信息。此外，他们还需建立新的数据分析模型，合理地规划和配置财务资源，从而制定出最优的财务决策，并及时向公司高层汇报重要的财务信息。

三、财务领域中的数据挖掘应用

（一）数据挖掘与大数据时代的关系

数据挖掘作为一项尖端技术，为财务领域的工作者提供了一种科学而高效的方法，帮助他们从大量数据中提炼出对企业管理至关重要的财务信息。这一过程极大地提高了企业财务管理的效率，强化了资金运营管理的各个环节，为企业持续健康发展打下了坚实的基础。数据挖掘的应用涉及数据库、人工智能等多个学科的知识。因此，财务人员要想高效地运用数据挖掘技术来进行财务管理，就必须深入学习并掌握相关领域的综合知识。只有这样，数据挖掘技术的潜能才能得到充分发挥，企业财务管理才能达到一个新的高度和阶段。大数据技术为数据挖掘应用提供了广阔空间，而数据挖掘又为大数据赋予了更高的价值和深远的影响，其重要性主要体现在以下几个方面。

第一，数据挖掘能够显著降低管理成本。大数据技术不仅拓展了知识竞争的深度和广度，还成为知识竞争的重要基础。对企业来说，通过数据分析可以优化各个运营环节，支持决策制定；同时，通过对大量且精确的客户数据进行分析，或利用第三方数据分析平台，企业能够深入了解客户的消费行为，预测销售趋势，实现精准营销。

第二，数据的挖掘技术在通信等众多行业开启了前所未有的新机遇，使得那些曾经遥不可及的功能得以实现。尤其是在通信行业，通过对用户位置信息的深度挖掘，并与其他企业携手合作，我们能够推出更加个性化的服务，拓展新的盈利模式，从而推动业务的持续增长。

第三，随着数据挖掘技术的崛起，管理模式经历了革命性的转变。在大数据的助力下，企业传统的管理与运作机制正经历着根本性的变革。大数据正逐步成为企业运营的中枢神经，它不仅有效减少了管理成本，也大幅提高了企业的快速反应能力。通过对大数据的深度分析与挖掘，管理过程得到了优化，使得过去粗放且依赖经验的管理模式，发展为更加精准、数据驱动的现代管理模式。

（二）数据挖掘技术在财务领域的应用具有极其重要的价值

1. 增强了企业财务数据的应用效率

企业的财务管理水平往往因对信息的不充分挖掘和利用而受限。尽管众多企业努力引入西方成熟的财务管理理念以增强管理能力，但却往往忽略了将这些理念与自身实际情况相结合的必要性。即便如此，这些努力也可能未能真正实现财务管理能力的飞跃。利用数据挖掘技术，企业可以更准确地把握运营状况的各个方面。财务人员依托这些准确数据，能够制定出更加贴合企业实际需要的财务计划，并执行有效的财务管理策略，从而显著提高财务管理的效率，优化信息的应用效能，确保企业信息得到充分地挖掘和最大化利用，实现其内在价值。

2. 减轻了财务人员工作负担，提高了财务工作效率

人工智能技术的飞速发展，极大促进了数据挖掘技术的进步，它已经成为企业财务管理中不可或缺的工具。这一技术的应用，使财务管理运作模式变得更加

高效，大幅减轻了财务人员的工作压力，极大地提升了他们的工作效率。在此过程中，数据库技术发挥了至关重要的作用，它使得财务人员可以更快、更精确地进行数据分析，从而提高了财务分析的准确性。其融合了多种先进科技的数据挖掘技术，因其强大的整合能力，对提高我国企业财务管理水平起到了重要作用，同时也为企业持续稳定的发展奠定了坚实基础。

3. 适应了财务信息智能化发展的紧迫需求

在财务规划过程中，企业通常以历史财务数据为依据进行深入分析。然而，在实际操作中，各种实时情况可能会对既定计划产生影响，这就要求企业能够根据实际情况对财务计划进行灵活调整。传统的财务管理模式，依赖于预设的程序来协助企业进行管理，但这种做法已无法满足我国市场经济发展的需要。随着数据挖掘技术的引入，企业得以采用实时动态的财务管理方法。这种技术利用人工智能对企业运营过程中遇到的问题进行即时响应。管理层能够随时获取所需的财务信息，而且数据挖掘技术还能挖掘数据中的深层次价值，提高企业信息的使用效率，更有效地适应现代企业财务管理的需要。

4. 有效减少企业在运营过程中的成本负担

数据挖掘技术，作为一项先进的科技手段，在现代企业财务管理中发挥着至关重要的作用，尤其在降低企业运营成本方面作用尤为显著。首先，得益于计算机技术的支撑，数据挖掘能够自动完成大量数据分析与整理任务，极大地提升了财务人员的工作效率，并为公司节约了大量的人力资源成本。其次，数据挖掘技术以高精确度闻名，这减少了财务人员修正错误所需的时间，降低了财务数据出现错误的可能性，提高了企业高层决策的准确性，尽可能减少了因决策错误而产生的损失。此外，通过建立财务模型，企业不仅减轻了财务管理的负担，规范了财务操作，而且进一步提升了财务人员的工作效率，助力企业进一步削减运营成本。

（三）财务信息管理领域开始广泛应用数据挖掘技术

探讨数据挖掘技术的特点、主要职能及其运用场合，将其与财务信息管理的发展趋势及所处环境相结合，同时关注财务信息管理领域对技术创新的强烈需求，以此为切入点，深入分析在财务信息管理相关领域运用数据挖掘技术的实际可行性。

1. 创新财务信息管理技术方法的必要性

自 20 世纪 70 年代以来，企业在面临外部环境的频繁变化中不断前行，特别是在近十年的快速变化中，这种不确定性尤为突出。面对这样一个充满变数的环境，如何在波动中寻求生存与发展，已成为企业必须认真对待的难题。这一挑战催生了战略管理理论的诞生和持续发展。在此背景下，强调适应环境变化的战略管理会计应运而生，它对传统管理会计的技能和方法提出了新的挑战，并驱动了对财务信息管理技术和方法创新的强烈需求。

在当今的商业气候下，传统的财务信息管理方法由于其严格的数学预设和过度格式化的处理手段，主要适用于解决确定性的管理难题，但目前已不足以应对新时代的挑战。随着市场竞争的加剧、经济形态的变革以及企业经营管理理念的更新换代，这些传统方法正逐步显现出它们的局限性。因此，为了适应新时代的要求，对财务信息管理技术进行创新显得尤为关键和迫切。

2. 财务信息管理的技术方法创新需求能够通过数据挖掘技术的应用得到充分满足

财务信息管理作为一个融合了多个学科知识领域的综合性学科，在其发展过程中不断吸纳了众多关联学科的领先技术和理念，使其理论体系和实践方法得到了不断提升和完善。特别是在处理大规模数据集、实时数据的深入分析及挖掘潜在信息等方面，数据挖掘技术已经证明其不可或缺的作用和重要性。鉴于财务信息管理的多元整合特性及数据挖掘技术的突出效能，两者的结合已经成为一种顺应时代发展的必然选择。

在当今大数据时代背景下，数据挖掘技术相对于传统数据分析手段表现出诸多显著优点。它不仅能对整体数据进行全方位地深度剖析，打破了仅对样本数据进行分析的限制，而且还能够应对各种复杂类型的数据融合，不再受限于严格的数据格式。此外，数据挖掘更加重视数据间的相互关联性研究，而非仅仅关注因果关系的探讨。这些特点不仅凸显了数据挖掘与传统数据分析的区别，更是现代财务信息管理领域亟须的技术核心。

3. 财务信息管理职能的演变

财务信息管理是企业经营管理中不可或缺的一环，其职能涉及对企业生产运营活动的全面策划、组织、指挥、协调和监督。作为企业管理决策的核心辅助系统，财务信息管理必须针对管理的各个方面制定相应的策略，以实现高效协同。它的主要职能一般涵盖成本核算、财务决策规划，以及财务信息的控制与评价。在大数据时代背景下，财务信息管理的职能不可避免地将面临变革和优化。

（1）成本确定和成本核算

在财务信息管理系统中，确保成本信息的准确性和时效性对企业运营具有决定性的影响。企业运营的各个环节，包括策略决策、规划安排和预算制定，都高度依赖于成本信息的深度利用。财务信息的核心任务之一就是围绕成本的计算与确认，这是管理会计的核心内容。然而，在大数据时代，企业现行的成本计算与确定方法大多依然局限于内部信息，这已无法满足现代企业的需要。企业迫切需要引入外部数据，如市场中竞争对手的产品信息、供应链上游的供应商数据，以

及与分销商的合作与竞争情况等。这些外部数据通常不在企业的直接控制范围内，且多以半结构化或非结构化的形式存在。

因此，为了对这些复杂、模糊且结构化程度不同的数据进行深入分析，企业必须利用大数据的数据挖掘技术来进行关联性分析。通过数据挖掘技术来确定和计算成本，不仅可以扩展传统成本管理的范围，还能帮助企业降低生产和销售过程中的风险，进一步提升整体管理水平。这种方法不仅增强了成本管理的准确性和全面性，还为企业提供了更加科学的决策支持。

（2）决策与财务规划

现代企业制定决策时，核心的财务信息管理工作旨在促进企业价值的持续与稳健增长。这一过程紧密追踪顾客需求，借助多元化的管理会计数据，全面权衡不同方案的优劣，确保选出最优方案。企业决策涉及多个维度，包括短期运营决策、长期发展规划、战略目标设定等主要领域。在这些决策制定过程中，大量的数据分析是必不可少的，尤其在数据价值日益受到重视的今天，数据挖掘技术在财务信息管理领域发挥了极其重要的作用。

预测作为决策的前提和基础，必须依赖精确的分析。目前，大多数预测主要依赖企业内部的生产活动和管理信息，对外部市场变化的依赖较少。以销售预测为例，企业通常基于历史销售数据和预期销售，通过现有的模型进行分析，最终得出销售预测。然而，由于技术的限制，企业往往无法将同类产品信息、天气状况、客户消费习惯、目标市场的人文地理等因素纳入分析，这会导致预测的准确性大打折扣。而在数据挖掘技术的支持下，这些外部因素可以被有效纳入分析，从而大幅提高预测的准确性和可靠性。

（3）控制与评价财务信息管理

经营管理者的主要任务之一是执行控制与评估管理。在企业中，不同的经营管理活动分布在各式各样的组织单元中，这些单元一般按照工作场所或职能的差异来设立。管理的核心是建立基准原则，并以此对下属部门进行指导和监管。控制与评估管理也应按照这一准则进行，其中，设立适当的控制与评估标准或目标是极其重要的。正如前文提到的，数据挖掘的主要功能在于对数据进行分类和关联分析，挖掘其中的内在联系，这一功能对于设定控制与评估管理的基准有着极大的帮助。

（4）财务信息管理展望

随着科技的进步和社会的发展，财务信息管理的任务也在不断变化，其中对财务知识的高效管理已成为管理会计核心职能的关键部分。数据挖掘技术作为知识发现过程中的核心技术，通过分析大量财务和非财务数据，积累了丰富的财务知识，这一过程已成为财务信息管理的重要组成部分。妥善保存并应用这些知识，可以显著增强企业的核心竞争力。同时，财务信息管理不仅涉及技术手段，还与人们的价值观和行为模式紧密相关。因此，行为财务信息管理预计将成为该领域未来的一个重要发展方向。在未来的研究中，探索如何在财务信息的产生、传播和使用过程中，解读、预测并引导相关人员的行为，以优化财务信息管理在企业内部的效果，将成为新的研究重点。

第四节　大数据时代对企业财务管理精准性的影响

一、大数据时代下的企业财务精细化管理要求

（一）提升财务管理精细化理念

在市场经济快速发展的背景下，企业面临的市场竞争压力日益增大。为了实现持续发展，提升管理水平十分重要，其中财务管理的作用尤为关键。然而，一些企业的管理者尚未及时调整财务管理模式，缺乏一个完善的财务管理体系，这不仅限制了财务管理的效能，也影响了企业的经济效益。因此，企业迫切需要树立财务管理精细化的理念。作为一种现代化的管理模式，财务管理精细化更能满足企业发展的需要。企业应构建一套科学的财务管理体系，通过对业务流程的细致拆分，实现计划、决策、成本控制和员工考核的精准化，从而最大化地节约资源、降低管理成本，并深入挖掘企业价值。此外，财务管理精细化还要求企业重新定义财务工作的职能，推动财务工作从传统的记账核算角色向更为主动的经营管理角色转变。

（二）提升对财务分析的关注与重视

企业管理者需积极协助财务分析师深入了解企业的运营机制，并充分认识到财务分析结果的重要性。他们应当协调公司各个部门，为财务分析工作提供充分的支持与协作，确保财务分析在企业管理中起到重要作用。管理者应定期或不定期召开财务分析会议，旨在表彰优秀、诊断问题、制定改进策略，并明确各成员职责，确保财务分析能够在实际管理中发挥其重要作用。同时，财务管理人员也应当努力提升财务分析的质量，不断增强分析技能，为企业运营的改善和经济效益的提升提供科学准确的决策依据。

（三）优化财务分析手段

在进行财务分析时，优先选择定量分析方法至关重要，因为它有助于减少分析者的主观倾向，进而降低分析结果的误差。借助数据分析模型，我们不仅能够

推进计算机技术在财务数据处理中的应用，还能提升财务分析方法的精确度和效能。与此同时，还需遵循国家财务法规和相关法律法规，全面考量那些难以量化的因素，并对定量分析的结果进行综合评估及必要调整。将定量与定性分析相结合，可以有效纠正分析过程中可能出现的偏差，确保分析结果的客观性。此外，对于有能力的企业来说，引入外部专业人才参与财务分析，也是降低分析主观性的一个有效策略。

（四）优化财务管理的精细化实施机制

建立全面的企业财务管理监控系统是确保财务活动高效运作的关键。该系统主要负责监控企业在资金规划、分配及核算等主要环节的操作，目的是实现全过程的监管，确保财务信息的准确性和可靠性，合理调配企业资金，同时维护财务活动的规范性。完善内部控制机制对于规范财务管理工作、增强财务管理效果具有重要意义。

一方面，应加强财务审计的独立性，通过审计手段提升财务管理的质量。另一方面，还需根据外部市场的变化，不断改进内部控制制度，提高财务管理的效率。

此外，构建财务管理的绩效考核与评估机制，有助于规范财务人员的职业行为，通过奖惩措施，激发财务人员的工作积极性和责任感。

（五）充分发挥大数据的优势

在当前的大数据时代，财务管理的技术进步尤为显著。财务管理的核心在于准确掌握数据，涵盖数据的收集、保存、分析和应用等多个方面。确保财务数据的真实性和准确性是发挥数据价值的基础。在这一背景下，如果数据收集不全面，财务管理工作将面临重大挑战。因此，在大数据时代，企业财务管理精细化的关键首先是强化财务数据的收集工作，拓宽收集渠道，全面考虑企业财务信息的各个方面，以满足财务管理的需要。

随着数据量的快速增长，数据存储也成为一个巨大的挑战。企业需要加强硬件和软件设施建设，根据自身发展的需要优化财务数据库系统，实现数据的有效整合和存储，为财务分析奠定坚实的基础。同时，面对大数据时代的挑战，企业还需要提升财务人员的专业管理水平，加强培训，提高他们在数据分析和应用方面的技能，确保数据能够被合理地整合、归纳、分析和应用。通过这些措施，企业可以更好地利用大数据，提升财务管理的效率和准确性。

（六）提升财务人员综合素质

随着信息技术的不断发展，会计电算化已成为现代企业财务管理中不可或缺

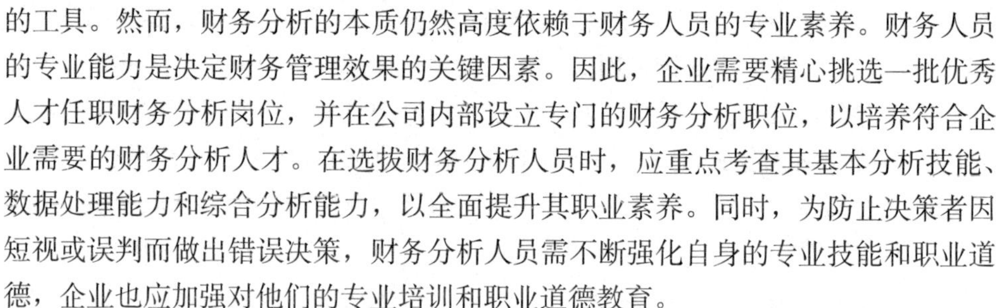

的工具。然而，财务分析的本质仍然高度依赖于财务人员的专业素养。财务人员的专业能力是决定财务管理效果的关键因素。因此，企业需要精心挑选一批优秀人才任职财务分析岗位，并在公司内部设立专门的财务分析职位，以培养符合企业需要的财务分析人才。在选拔财务分析人员时，应重点考查其基本分析技能、数据处理能力和综合分析能力，以全面提升其职业素养。同时，为防止决策者因短视或误判而做出错误决策，财务分析人员需不断强化自身的专业技能和职业道德，企业也应加强对他们的专业培训和职业道德教育。

（七）企业财务管理的数字化转型

在当今的企业财务管理实践中，融合尖端信息技术是确保工作效率和精确度的关键。我国企业已广泛采用信息化管理模式，并取得了显著成效。相比传统财务管理方式，这种模式在多个方面具有明显的优势：首先，信息技术在收集、整合和分析基础财务数据方面表现出高效的能力，不仅提高了数据的准确性，还减少了管理层对财务事务的不必要干预，确保了财务管理的公正性、真实性和精确度；其次，信息技术的广泛应用显著提升了财务工作的效率，同时大幅节约了人力和物质资源。通过信息化管理，企业能够更快速、准确地处理财务信息，优化资源配置，提高整体运营效率。

二、大数据时代下企业如何通过精准的数据分析来提升财务管理的精确度

（一）企业财务管理需深入落实会计制度，巩固会计基本工作

在企业财务管理实践中，严格遵守会计准则并夯实会计基础是至关重要的步骤，对于提升财务管理的整体水平具有决定性影响。审视当前的财务管理状况，考虑到财务管理的专业性，我们必须高度重视与财务管理相关的法律法规，并在日常管理活动中严格遵守，以确保会计管理的正面效应能够得到充分发挥。

企业在进行财务管理的过程中，不仅要完成基本任务，还必须特别关注会计基础工作的质量。在日常运营活动中，强化会计管理的核心作用至关重要。通过提升会计管理体系，优化管理流程，可以全面提高会计管理的质量与精准度，从而满足企业财务管理的基本需要，进一步提升财务管理的整体效能。因此，确保会计制度的高效执行，加强会计基础工作的稳定性，是提高会计管理质量的关键策略。

（二）企业财务管理需着力优化内部协调体系，促进财务管理与业务运营的深度融合

在当前市场竞争加剧和管理挑战日益凸显的环境下，财务管理的作用愈发重要。财务人员需要保持与时代同步的积极态度，全面考虑企业的组织架构、产品特性、业务流程及管理模式等因素，采用与企业实际需要相匹配的管理创新和工具。唯有如此，企业财务管理才能在理念、流程和手段上真正满足运营需要，有效提升财务管理效率，推动企业的稳定与持续发展。

企业财务管理应致力于建立高效的内部协调机制，以实现与公司其他业务领域的无缝对接和高效协作，从而全面满足企业财务管理的各项需要。这要求对财务活动进行有效的监督与控制，确保管理手段、内容和流程都在严格监督之下，以保证财务管理数据的准确性。只有这样，企业财务管理才能整体上符合实际操作的严格标准。

企业的财务管理并非孤立进行，而是需要与企业其他业务领域紧密融合，以提升整体运营效率。只有当财务管理与各项业务活动有效结合，形成相互促进的良性循环，财务管理才能成为推动企业其他业务发展的强大动力，在实际操作中取得显著成效。

（三）企业财务管理应以资金管理作为核心职责，充分满足企业在日常运营中的资金需求

在企业的财务管理实践中，对资金实施精准管理是核心的关键步骤，这一环节直接影响财务管理效率的优化。只有深入细致地管理资金，才能有效提升企业财务管理的实际效果。因此，企业必须根据自身的具体情况，制定符合实际需要的资金管理策略，以提升资金管理的整体质量，确保企业资金需求得到有效满足，从而显著增强资金管理的综合效果。

首先，企业需强化管理策略，提升信誉水平，严格控制成本，优化存货和应收账款的管理效率，缩短产品在内部的滞留时长，从而增强企业内部资金管理的实效性，为企业的运营管理打下更坚实的基础。显然，资金管理在企业整体运营管理中发挥着不可或缺的作用。

其次，为了构建良好的诚信形象，企业应当主动与金融机构进行信息互动，建立和谐的银行与企业关系。通过有效地沟通，企业可以展示其主动精神、诚信品质和综合实力，进而为在银行的融资活动奠定牢固基础。这一过程已经成为企业财务管理中必不可少的一部分，对于企业的日常运营管理具有极其重要的影响，它是企业提高整体效益的重要环节。

最后，企业需提高资金运用效率，强化资金管理水平。务必确保资金管理各

项措施得到全面且高效实施，以实现企业资金管理工作的显著成效。

企业财务管理的精准性和高效性对于提升整体业绩至关重要。为此，企业必须着力提升会计制度的执行力度，巩固会计基础工作，优化内部协作流程，促进财务管理与业务运营的深度融合，并将资金管理视为核心要点。同时，确保财务管理活动全面、高效地展开，以满足企业运营管理的实际需要。

第五节　大数据时代对企业财务管理人员角色的影响

一、大数据时代财务管理人员所扮演的角色正在经历深刻的转变

随着信息网络的全面普及和企业管理软件的高度整合，大数据时代的来临解放了财务管理人员，使他们从繁杂的传统账簿工作中解脱出来。这一变革使得会计人员能够更深入地融入企业管理的核心，并在决策支持方面发挥重要作用，进一步凸显了会计在管理层面的不可或缺性。

（一）大数据时代为财务管理人员“管理”职能的发挥提供了机遇

在会计工作中，其核心职能涵盖了核算、反映与监督三大方面，而财务管理人员则承担着收集数据和整理信息的重要任务。这些工作都以信息为基础，在信息处理的不同阶段发挥着重要作用。尽管财务管理人员本质上应扮演“管理者”角色，但长期以来，这一角色并未获得应有的重视，其管理性质常被忽视。然而，在大数据时代的推动下，财务管理人员开始为企业提供多元化的决策信息，并为日常经营活动提供管理支持，使得他们的“管理者”身份日益凸显。随着大数据时代各类管理工具的广泛应用，财务管理人员将更有效地发挥信息管理职能，从传统的“核算者”角色转变为“信息专家”，并逐步实现向“管理者”角色的转变。

（二）数据生产方式的转变

在大数据的浪潮席卷全球之际，信息产生的门槛大大降低，这无疑推动了财务管理人员职能的转型，他们已不再直接参与信息的生成过程。在这样一个大数据时代，企业的会计数据始终在变化，形成了一个动态且实时的会计数据流。大数据的真正魅力在于，它能从庞大的复杂数据集中提炼出有价值的信息。因此，财务管理人员需要转变他们传统的数据收集和处理工作，将这些任务交给专业的信息技术部门。他们的主要任务应当是对会计信息进行整合和评估，为企业运营提供预测分析、建议、决策支持以及战略执行的监控，从而转变为具备专业技能和全面管理能力的企业顾问、预测分析师及风险监控管理者。

二、大数据时代财务管理人员正面临着角色转换的新趋势

在当今大数据时代，随着多种信息网络技术及智能化管理工具在企业的深入应用，财务人员的职能已由原来的财务信息生成者转变为现在的财务信息管理者。这种变化在高层财务管理人员身上尤为明显，他们在大数据背景下，必须运用企业财务信息来助力企业的全面管理。

（一）企业发展的预测者

在财务信息化建设的过程中，财务部门正不断提升自身的灵活性和响应力，这一进程是一个不断进步和演化的过程。财务人员已经从传统的静态报表和财务管理角色中解脱出来，转变为向决策者提供实时业务预测的重要力量，这标志着大数据时代下财务发展的必然趋势。作为企业中掌握最全面原始业务数据的部门，财务部门在先进的数据处理技术支持下，已成为获取各类信息的最有效途径，如同企业的“感觉器官”。

对于现代企业而言，大数据铺就了通向未来的道路，企业的关注点已经从现在转移到了未来。财务管理人员可以凭借其专业知识和信息优势，通过系统优化与技能提升，实现对公司运营活动的实时监控和快速响应。资深财务管理专家能够利用财务部门所掌握的全方位数据，预测未来发展动向、潜在风险和市场变化，并对企业战略决策与发展规划提出有益建议。财务管理人员在预测性工作上的投入越多，企业就越能制定出更具前瞻性的规划，避免短视行为。此外，有效开展预测工作是构建企业全面问题解决方案、应对未来可能出现的突发事件或重大挑战的关键。

当然，财务管理人员要想成功转型成为企业的预测者，必须具备获取有效全面数据信息的能力，并熟练掌握多种数据分析工具。通过这些努力，财务管理人员不仅能够为企业提供更加精准的预测，还能帮助企业在激烈的市场竞争中保持领先地位。

（二）企业顾问和其他部门的合作者

在大数据时代的浪潮中，财务核算的作用有所减弱，财务人员的职能重心逐渐向反映和监督方向转移，其管理职能愈发突出。与传统的财务报告相比，现代财务信息在确保客观性的基础上，更加注重利用信息技术满足企业管理和决策的多元化需要。财务工作的核心已经从单纯的账务处理转变为财务人员作为企业的智囊，对经营状况进行实时分析和总结，同时运用预测工具为企业决策提供专业指导。在这一角色转变过程中，财务人员必须熟练掌握信息技术，充分发挥顾问作用。尽管如此，他们的定量分析能力仍然是基础，所有反映职能的发挥都依赖于客观、完整的数据支撑。因此，在大数据环境下，财务人员作为企业的顾问，提供深入的评价和建议，不仅是他们职能转变的必然选择，也是现代企业发展的必然趋势。

（三）企业风险的预警者

在全球化浪潮的推动下，企业必须面对更加多变和复杂的国际市场环境，这无疑增加了企业面临的不确定性。财务管理人员作为掌握企业核心财务及业务信息的关键人物，对企业运营决策起到至关重要的作用。面对全球大数据带来的挑战，他们应积极扮演风险管理者的角色。在充满风险的世界市场中，企业亟须建立一套全面的风险管理策略，促进内部信息的整合，打造一个高度统一、标准化的财务管理体系，以便更准确地发现和应对潜在风险。显然，“风险管理”是财务管理人员作为“预测者”角色的深化。为了更好地担任“风险管理者”，财务管理人员需要运用智能化信息工具进行实时监控，例如设置风险阈值，运用热图、仪表盘、记分卡等工具直观展示风险状况，并通过预测性分析和建模来及时检测风险。

（四）信息的守护者与个性化信息工具的创造者

在当今大数据时代，财务工作的模式发生了显著的变化，尤其是随着计算机和信息技术工具的普及应用。财务管理人员在职能转变的过程中，已经离不开这些自动化和智能化的辅助工具。过去，财务部门使用的管理软件通常由专业的企业管理软件公司开发并提供，也有企业选择自行开发或外包。这些软件的维护工作通常由软件公司或开发者完成，这在很大程度上满足了企业的需要。

然而，随着企业信息化进程的不断深入，对信息软件工具的使用理念也在逐步改变。一方面，员工对这些信息工具的接受程度和操作熟练度显著提高，其应用范围在企业内部也进一步扩大；另一方面，企业对信息工具的需要变得更加多样化，单一的或少数的解决方案已无法满足企业的全方位需要。面对这种情况，财务管理人员在解决问题的过程中，逐渐意识到需要更具体的信息工具来应对新问题，这种需要无处不在，对开发者的针对性和创新能力提出了更高的要求。

因此，财务管理人员不仅需要担任信息化软件的管理和维护角色，还需要具备开发和定制实用、个性化信息工具的能力。大型、专业性强的管理系统仍可以由专业公司或团队开发，但应由接受过相应培训的财务管理人员来维护。对于应用范围较小、针对性较强、开发难度较低的软件，财务管理人员应成为主要的开发者和维护者。这种做法不仅能帮助企业降低运营成本，还能为财务工作提供更便捷、适用的信息工具，减少对专业软件公司或 IT 部门的依赖，使财务管理人员在执行其他管理职责时更加独立自主。

三、大数据时代背景下企业财务管理人员需采取策略实现角色转变

（一）转变财务管理人员的思想观念，提升其综合素质

在大数据时代的浪潮中，财务管理人员正经历着角色的深刻转变，这首先要求他们在观念上实现更新。在数据驱动的环境中，财务管理人员掌握了企业发展的关键信息，因此他们需要更加主动地参与到企业决策制定中。财务管理的控制职能已从传统的事后监管转变为实时的事中监控，甚至提前至事前规划，这意味着财务管理人员应从被动的响应者转变为主动的服务者，以更有效地支持决策过程。

此外，财务管理人员还需全面提升自身的综合素质，主要包括信息技术能力的增强和对业务处理技能的熟练掌握。在大数据背景下，财务人员为了有效运用信息工具进行预测和辅助决策，必须具备扎实的 IT 技能，扮演好顾问和预测者的角色。同时，只有对财务管理信息系统的深入了解和正确应用，才能确保系统的稳定运行和维护，提升信息安全性，保障企业利益。面对外部环境的快速变化和复杂性，财务管理人员需要更加迅速、全面地分析企业的运营状况，并采用创新、安全、高效的手段，实现决策辅助过程的程序化和自动化。

（二）为财务管理人员打造一个集成的信息交流系统

财务管理人员需顺应信息生产集中化和自动化的潮流，优化财务管理部门的资源整合，保障“信息生产”职能的独立运作。随着时代的发展，他们的工作重点将逐渐转向处理更具战略性和灵活性的非结构化任务，例如投资评估、年度规划、决策支持和风险管理等领域。这将使他们能够更有效地运用数据和信息技术，促进财务管理与信息数据的深度融合，从而实现高效的数据分析和应用。

建立独立的信息中心并打造一体化的信息平台对企业信息管理具有重要意义。通过构建统一的信息中心，企业可确保核心信息在一个全方位覆盖的组织网络中流畅传递，进而提高管理效率。同时，这种架构还能有效降低信息搜集与处理的成本。在财务管理部门的引领下，信息部门可以更紧密地依照企业战略和需要来搜集及处理信息。统一信息平台的建设以及财务管理信息的集中化，不仅可以通过整合信息和工具来提高企业运营效率，还能将整个企业紧密地连接起来，实现信息无障碍流通。这样，所有业务部门的工作都将聚焦于提升企业价值这一核心目标，实现协同效应，达到“1+1>2”的效果，并借助大数据的力量推动企业价值的增长。

（三）优化组织结构与作业流程

在财务管理人员的转型与升级过程中，优化企业的组织结构和作业流程是根本之策。企业的组织结构需要适应扁平化、柔韧化和灵活性的发展趋势，构建一个既充满活力又稳固可靠，同时具备创新特点的组织模式。为了使财务管理人员能在顾问、预测者、价值链管理者等新型角色中发挥更大作用，企业应采用扁平化组织结构，引入多维度和跨事业部的管理模式，确保信息沟通顺畅、管理直接、协作灵活及运行高效。在必要时，企业还可以借助虚拟化组织结构，整合不同地区乃至外部的人才资源，构建跨越地域的协作网络。

同时，企业应当进一步规范和完善工作流程，使其制度化，确保各个流程之间能够无缝对接，并在企业信息系统和风险管理系统强有力的监督下运行。这不仅能够确保所收集信息的全面性和准确性，还能有效执行企业的风险控制策略，为财务管理人员的角色转型提供坚实的支撑。

（四）强化企业内控机制，明确财务管理人员职责权限

大数据时代，信息收集和处理的高度自动化和流程化使得财务管理人员在处理非结构化问题时，需要更多地发挥主观能动性，并获得更大的自主权。然而，这种自主权的扩大也可能导致个别人员不当使用权限，从而损害企业利益。因此，强化内部控制，确保系统和信息的安全，防止财务管理人员滥用职权，对于财务管理人员角色的顺利转型至关重要。

参考文献

[1] 韦易彤 . 数字经济视角下企业财务管理优化升级路径研究 [J]. 投资与合作，2023（06）：97—99.

[2] 田骏 . 新经济背景下企业财务管理创新分析 [J]. 中国集体经济，2023（18）：142—145.

[3] 张阳霞，郭建龙，蔡晓丽 . 大数据背景下企业财务管理共享中心的优化对策 [J]. 营销界，2023（11）：149—151.

[4] 黎英敏 . 加强集团企业财务管理信息化建设的必要性与路径探索 [J]. 大众投资指南，2023（11）：194—196.

[5] 文娜 . 商业企业财务管理存在的问题及应对措施 [J]. 中国集体经济，2023（16）：153—156.

[6] 周世良 .ERP 系统在企业财务管理应用中存在的问题及对策 [J]. 产业创新研究，2023（10）：146—149.

[7] 张洪芝 ."双碳" 背景下企业财务管理创新研究 [J]. 中国市场，2023（15）：173—176.

[8] 王汝涛 . 试论企业财务管理在企业经济效益中的积极意义 [J]. 财会学习，2023（15）：50—52.

[9] 吉进 . 全面预算管理在企业财务管理中的运用探讨 [J]. 财会学习，2023（15）：86—88.

[10] 朱云 . 建筑企业财务管理课程教育教学改革与实践探索 [J]. 建筑结构，2023，53（10）：162.

[11] 胡古月 . 知识经济时代企业财务管理革新思考研究 [J]. 老字号品牌营销，2023（10）：112—114.

[12] 刘钊 . 国有企业财务管理存在的问题及对策研究 [J]. 中小企业管理与科技，2023（10）：170—172.

[13] 付伟迎 . 数字经济时代的企业财务管理转型探讨 [J]. 中国市场，2023（14）：172—175.

[14] 陈悦 . 基于数字化时代的企业财务管理信息化建设 [J]. 中国中小企业，2023

（05）：150—152.

[15] 付小鸽 . 数字经济时代企业财务管理变革研究 [J]. 财政监督，2023（10）：99—104.

[16] 李晓婉 . 试析内部控制在企业财务管理中的作用与实践 [J]. 中国集体经济，2023（14）：118—121.

[17] 向华锋 . 企业财务管理与成本控制协同管理策略探究 [J]. 财会学习，2023（13）：102—104.

[18] 穆天龙 . 企业财务管理中税收筹划的运用探思 [J]. 财会学习，2023（13）：132—134.

[19] 朱梦圆 . 制造企业财务管理信息化风险分析与有效应对建议探索 [J]. 商讯，2023（09）：65—68.

[20] 喻英 . 基于业财融合的企业财务管理优化分析 [J]. 财经界，2023（13）：99—101.

[21] 张澜 . 基于数字经济时代的企业财务管理转型分析 [J]. 中国总会计师，2023（04）：178—180.

[22] 曾小明 . 大数据背景下企业财务管理的影响及应对策略研究 [J]. 产业创新研究，2023（08）：157—159.

[23] 刘敏 . 企业财务管理信息化建设存在的问题及其对策探讨 [J]. 企业改革与管理，2023（04）：108—110.

[24] 刘蕊 . 财务共享下的企业财务管理转型研究 [J]. 上海商业，2023（01）：139—141.

[25] 廉祚 .“互联网 +”背景下企业财务管理创新研究 [J]. 中国管理信息化，2023，26（02）：79—81.

[26] 宋燕妮 . 基于区块链技术的企业财务管理价值提升 [J]. 中国集体经济，2023（03）：143—146.

[27] 王晓庆 . 大数据背景下企业财务管理的有关认识 [J]. 财经界，2023（02）：144—146.

[28] 张路遥 . 电子商务背景下企业财务管理模式的构建 [J]. 营销界，2023（01）：86—88.

[29] 刘炫嵘 . 网络经济时代企业财务管理困境与纾解研究 [J]. 营销界，2023（01）：50—52.

[30] 陈倩 . 人工智能与企业财务管理结合发展模式的探究 [J]. 金融文坛，2023（01）：105—107.

[31] 陈玉婵，陈莞坚，吕彦花，等 . 数字经济时代的企业财务管理转型研究 [J].

商展经济，2022（24）：137—139.

[32] 黄松群 . 新常态下企业财务管理创新动因、初始条件与策略研究 [J]. 商场现代化，2022（24）：183—185.

[33] 陈云凤 . 企业财务管理中金融投资风险及其措施分析 [J]. 财经界，2022（36）：102—104.

[34] 王奕天 . 企业财务管理中非伦理行为防范路径研究 [J]. 西藏科技，2022（12）：27—29+33.

[35] 晋宇，付鹏 . 基于大数据与人工智能在企业财务管理的应用探究 [J]. 通信与信息技术，2022（S1）：122—124.

[36] 周钱江 . 消防控制系统生产企业财务管理存在的问题与对策研究 [J]. 营销界，2022（23）：140—142.

[37] 许翠虹 . 企业财务管理决策、执行与监督研讨 [J]. 广西经济，2022，40（06）：79—82.

[38] 徐万华 . 业财融合下环保企业财务管理的问题与对策探析 [J]. 市场周刊，2022，35（12）：117—119+162.

[39] 苏金梁 . 会计信息化对企业财务管理的影响与应对措施分析 [J]. 金融文坛，2022（12）：41—43.

[40] 李川 . 大数据背景下企业财务管理创新发展探究 [J]. 国际商务财会，2022（22）：68—70+78.

[41] 董月文 . 大数据环境下企业财务管理信息化建设的对策 [J]. 活力，2022（22）：94—96.

[42] 王美蓉 . 关于国有企业财务管理转型的探讨 [J]. 行政事业资产与财务，2022（22）：97—99.

[43] 李聪慧 . 企业财务管理与管理会计融合路径分析 [J]. 全国流通经济，2022（33）：153—156.

[44] 顾玉峰 . 浅谈如何做好现代企业财务管理 [J]. 全国流通经济，2022（33）：32—35.

[45] 潘周宾 . 企业财务管理存在的问题及对策 [J]. 全国流通经济，2022（33）：49—52.

[46] 潘越 . 大数据背景下企业财务管理现状及策略研究 [J]. 营销界，2022（22）：79—81.

[47] 阎煜 . 大数据时代企业财务管理工作转型研究 [J]. 中外企业文化，2022（11）：70—72.

[48] 陈辉 . 对共享经济模式下民营企业财务管理转型的思考 [J]. 财会学习，2022

（33）：64—66.
[49] 熊素宜 . 大数据时代企业财务管理信息化模型构建及优化策略 [J]. 数字技术与应用，2022，40（11）：110—112.
[50] 郑媛元 . 网络经济背景下企业财务管理的创新思路 [J]. 投资与创业，2022，33（22）：130—132.
[51] 乐逸航 . 新会计准则对企业财务管理转型的影响及优化策略 [J]. 营销界，2022（22）：124—126.
[52] 赵旭 . 浅议新时期强化企业财务管理内部控制的方法 [J]. 营销界，2022（22）：139—141.
[53] 任小燕 . 会计信息化对企业财务管理的影响研究 [J]. 中外企业文化，2022（11）：42—44.
[54] 赵茜 . 大数据技术背景下商贸企业财务管理优化研究 [J]. 会计师，2022（22）：41—43.
[55] 曲红 . 会计信息化对企业财务管理的影响及对策探讨 [J]. 商场现代化，2022（20）：126—128.
[56] 张敏 . 现代企业财务管理信息化建设的重要性与对策 [J]. 大众投资指南，2022（17）：109—111.
[57] 刘荣荣 . 云计算背景下中小企业财务管理信息化建设路径探究 [J]. 企业改革与管理，2022（15）：165—167.
[58] 黄洁 . 企业财务管理信息化建设中的风险管理对策研究 [J]. 商场现代化，2022（11）：146—148.
[59] 江丽 . 基于新形势下企业财务管理信息化建设策略研究 [J]. 商场现代化，2022（10）：143—145.
[60] 钟琴 . 大数据时代下企业财务管理信息化建设途径探索 [J]. 商场现代化，2022（05）：179—181.